Mon opinion

L'actualité guinéenne et d'ailleurs sous le prisme du droit

Recueil de chroniques et de tribunes

Thierno Souleymane BARRY

Mon opinion

L'actualité guinéenne et d'ailleurs sous le prisme du droit

Recueil de chroniques et de tribunes

L'Harmattan
Guinée

Du même auteur chez l'Harmattan

Transitions démocratiques et droits de la personne en Afrique de l'Ouest francophone. Cas du Bénin, de la Guinée, du Mali et du Togo. Un regard en arrière 30 ans plus tard, 2024

Mon regard : l'actualité guinéenne et d'ailleurs sous le prisme du droit, 2023

L'Harmattan, 2026
http://www.éditions-harmattan.fr
ISBN : 978-2-336-54207-2
EAN : 9782336542072
Dépôt légal : janvier 2026

Dédicace

Ce recueil de chroniques et de tribunes est dédié à toutes celles et à tous ceux qui contribuent à l'éclosion d'une pluralité d'expressions en Guinée et ailleurs.

NOTES INTRODUCTIVES

Ce recueil de chroniques et de tribunes offert au public rassemble une diversité d'opinions tirées de l'actualité et souvent analysées sous le prisme du droit, l'actualité guinéenne tout comme celle venue d'ailleurs, de par le monde.

À l'instar des années précédentes, plusieurs faits marquants ont jalonné le monde au cours de la période couverte (2023-2024) par les présentes tribunes. En effet, la politique, les conflits, les transitions politiques, les questions environnementales et sociétales et autres ont meublé l'actualité ces derniers temps, avec acuité.

Ce recueil s'inscrit en droite ligne du précédent, c'est-à-dire la poursuite de l'œuvre de vulgarisation du droit, de manière digeste, à travers la lecture des faits.

C'est le lieu et le moment, pour nous, de remercier les nombreux médias qui nous ont ouvert grandement leurs portes, leurs colonnes et leurs pages pour diffuser notre tribune *Juris Guineensis*, de la presse publique ou de la presse privée ; de la presse écrite, audiovisuelle ou électronique, tant de la presse guinéenne ou celle étrangère.

Nous croyons fermement que l'édification d'une société juste, libre et inclusive pour toutes et de tous tant ici en

Guinée qu'ailleurs dans le monde dépend de la libre circulation des opinions.

Conakry, le 26 décembre 2024

Me Thierno Souleymane BARRY, LL.D/Ph.D
Docteur en droit, Université Laval/Université de Sherbrooke, Canada
Professeur de droit, Consultant et Avocat à la Cour

-41-

COP 15 MONTRÉAL - LA FUMÉE BLANCHE SORTIRA-T-ELLE DU RENDEZ-VOUS DES NATIONS UNIES SUR LA BIODIVERSITÉ ?

Les négociations se poursuivent à Montréal (Canada) du 7 au 19 décembre 2022 dans le cadre de la 15e Conférence des Parties (Cop15) sur la diversité biologique, en vertu de la *Convention sur la diversité biologique* (CDB). Nous allons nous pencher tour à tour sur la Convention comme base conventionnelle, le Secrétariat de la Convention à titre de cadre institutionnel, les enjeux des négociations internationales sur la biodiversité et enfin, le rôle de la Guinée dans la protection de la diversité biologique.

La Convention des Nations Unies sur la biodiversité comme principal instrument conventionnel pour la protection de la biodiversité

La *Convention sur la diversité biologique* est un instrument conventionnel signé à Rio (Brésil) en 1992 lors du Sommet de la Terre de Rio et entrée en vigueur le 29 décembre 1993. Ses principaux objectifs sont la conservation de la diversité biologique, l'utilisation durable de l'environnement et le partage équitable des ressources biologiques. Son champ concerne les espèces, les écosystèmes, les ressources génétiques et les biotechnologies. La Convention est complétée par le

Protocole de Cartagena sur la prévention des risques biotechnologiques et le *Protocole de Nagoya sur l'accès aux ressources génétiques et le partage juste et équitable des avantages découlant de leur utilisation.*

Le Secrétariat de la Convention comme cadre institutionnel et mécanisme de suivi pour les engagements en matière de diversité biologique

La Conférence des parties (Cop) est l'instance suprême et la principale arène des négociations internationales sur la diversité biologique. Elle regroupe tous les États parties (196) et se tient tous les deux ans. Ces conférences internationales ont pour rôle de faire le point sur les progrès atteints et sur les cibles prioritaires à atteindre. L'ensemble de ces négociations est chapeauté par le Secrétariat de la Convention sur la diversité biologique, dirigé par un Secrétaire exécutif. Le Secrétariat est basé à Montréal (Canada). Il assure les missions techniques d'administration, de coordination, de recueil et de diffusion de l'information sur la diversité biologique. Il assiste les gouvernements dans la mise en œuvre de leurs obligations internationales découlant de la Convention.

Les enjeux de la Cop15 et les résultats escomptés

Les enjeux majeurs de la Cop 15 est la finalisation du cadre mondial de la biodiversité pour l'après 2020. Ce cadre mondial "a pour objet d'inciter les gouvernements et l'ensemble de la société, y compris les peuples autochtones et les communautés locales, la société civile et les entreprises, à prendre des mesures urgentes et transformatrices pour atteindre les résultats énoncés dans la vision, la mission, les buts et les objectifs y relatifs, et contribuer ainsi à la réalisation des objectifs de la Convention sur la diversité biologique, ses protocoles et d'autres accords, processus et instruments multilatéraux relatifs à la biodiversité." D'âpres négociations se poursuivront à Montréal, jusqu'au 19 décembre 2022. Il est à espérer que les États aboutiront au résultat escompté qui est principalement l'adoption du Programme de développement durable à l'horizon 2030, programme devant servir de base pour la réalisation de la vision de 2050 en matière de protection de la biodiversité qui est de « vivre en harmonie avec la nature ».

Le rôle de la Guinée dans la protection de la diversité biologique

La Guinée est Etat partie à la Convention sur la diversité biologique le 29 décembre 1993 et à son protocole additionnel, le Protocole de Cartagena sur la prévention des risques biotechnologiques. À cet effet, elle participe activement aux différentes COP et œuvre pour l'intégration des prescriptions de ces instruments conventionnels dans son arsenal juridique interne. À titre d'illustration et dans le cadre de la mise en œuvre du Protocole de Cartagena sus indiqué, la Guinée, à travers le ministère de la Santé et de l'hygiène publique, est sur le point de se doter d'une loi sur la biosécurité et de ses textes d'application, avec l'assistance des partenaires techniques et financiers comme l'Organisation mondiale de la santé (OMS).

Tous ces efforts de la communauté internationale constituent sans aucun doute une prise de conscience sur l'importance de préserver la diversité biologique et en assurer un usage durable et partage équitable de ses avantages afin de réaliser une protection de la planète Terre pour tous les êtres.

Conakry, le 15 décembre 2022

-*Juris Guineensis* No 41.

-42-

ENTREPRISES ET DROITS DE L'HOMME - LA RESPONSABILITÉ DES ENTREPRISES EN DÉBAT

16 décembre 2022, le fonds souverain de la Norvège annonce la sortie de son portefeuille d'investissement de deux entités (Thaïlandaise et du Myanmar) pour violation des droits de l'homme, à travers la fourniture de services à des États coupables de tortures, ce, après avis de son comité d'éthique. Ledit fonds affirme en substance que « Le respect des droits humains est un critère pour la pérennité de ses investissements ». Dans la présente tribune, nous allons nous pencher tour à tour sur l'interaction dans le couple entreprises et droits de l'homme et le cas de la Guinée avec un accent particulier sur les droits des populations riveraines des zones minières et énergétiques du pays.

De l'interaction dans le couple entreprises et droits de l'homme

Depuis fort longtemps, des voix se sont élevées pour souligner la responsabilité des entreprises dans la violation des droits de l'homme dans le monde et appellent à l'avènement des entreprises citoyennes. Les entreprises, animées par la logique du profit, se rendent souvent complices des États dans la violation des droits par la fourniture de matériels de torture à des États contre zones d'exploitation de ressources minières ou autres. Assez souvent, face aux critiques, les entreprises répondent par des dénégations ou par des actions parfois purement cosmétiques. C'est le cas parfois des actions d'une fondation philanthropique d'une entreprise d'exploitation forestière en construisant des écoles tout en poursuivant une coupe à blanc irréversible de l'environnement des communautés riveraines de son exploitation. Si au départ la question était souvent d'ordre moral ou éthique, aujourd'hui, les entreprises sont tenues d'agir en citoyennes responsables non seulement en respectant les droits humains, mais en ne se rendant pas complices de leurs violations. Les opinions publiques sont passées à une étape supérieure, la réglementation est rendue plus sévère et le contrôle plus contraignant. En plus des techniques traditionnelles d'alerte et de dénonciation, les ONGs appuient et accompagnent les victimes devant les juridictions nationales et internationales. Le rendez-vous n'est plus pris devant les tribunaux d'opinion, mais devant les tribunaux classiques.

Du cas guinéen avec accent sur l'action des entreprises et les droits des populations riveraines dans les zones minières et énergétiques

La Guinée, avec ses riches potentialités minières et énergétiques, est une zone prisée par les sociétés multinationales. En effet, la réalisation de ses barrages hydroélectriques et l'exploitation de ses ressources minières appellent l'expertise des entreprises venues d'Europe, d'Amérique et surtout d'Asie, particulièrement la Chine, ces derniers temps. Les activités de ces compagnies ont un impact considérable sur les communautés à la base, sur l'environnement et sur les droits humains. Il est souvent question d'expropriation, de déguerpissement, de réinstallation, de présence de substances nocives à l'environnement, de défaut de consultation et autres. L'ensemble des opérations des entreprises doit s'opérer d'aval comme en amont en respect des droits des populations riveraines des zones minières et énergétiques. Tout manquement engage la responsabilité de ces entreprises. C'est pourquoi, plusieurs Ongs apportent du soutien aux populations impactées par les barrages en Guinée à l'effet d'obtenir réparation tant devant les juridictions nationales que devant les mécanismes internationaux de résolution des différends.

De nos jours, le respect des droits de l'homme doit être au cœur de l'action des entreprises tant locales que multinationales, aussi bien en termes d'investissement qu'en termes d'exploitation. L'heure n'étant plus au simple appel au boycott ou à la dénonciation, tout manquement, pour les entreprises, de leur responsabilité d'agir à titre d'entités citoyennes soucieuses de respect des droits de l'homme fait l'objet de procédures judiciaires en vue d'une réparation idoine aux victimes.

Conakry, le 20 janvier 2023

-Juris Guineensis No 42.

-43-

PRISONS, DIGNITÉ ET RESPECT DES DROITS DES PERSONNES DÉTENUES EN DROIT INTERNATIONAL ET EN GUINÉE

« On peut juger le niveau de civilisation d'une société en entrant dans ses prisons ». Ce sont les paroles d'un des prisonniers les plus célèbres du monde, en l'occurrence Nelson Mandela, passé de longues années dans la prison de Robben Island pour son combat pour la liberté en Afrique du Sud. Janvier 2023, la tournée du ministre de la Justice, M. Charles Wright, assorti de constats des conditions carcérales difficiles et de sanctions envers les agents pénitentiaires, a permis de lever un coin de voile sur les prisons et les personnes détenues en Guinée. Dans la présente tribune, nous allons revenir sur la reconnaissance des droits des personnes détenues avant de plaider pour une politique pénitentiaire centrée sur leurs droits.

Des normes encadrant les conditions carcérales et les droits des personnes détenues

Les droits des personnes détenues sont encadrés par des normes relevant tant des conventions internationales ratifiées et de celles résultant de normes de la soft law – des normes de bonnes pratiques recommandées aux États – que celles provenant du droit interne. La dignité est le fondement sur lequel repose tout l'édifice des droits humains. Ce concept de dignité est déjà présent dans la *Déclaration universelle des droits de l'homme* de 1948 dans son préambule qui souligne la « reconnaissance de la dignité inhérente à tous les membres de la famille humaine », en ce compris les personnes détenues. Ce principe donne corps à l'article 10 du *Pacte international relatif aux droits civils et politiques* de 1966 qui stipule que « Toute personne privée de sa liberté est traitée avec humanité et avec le respect de la dignité inhérente à la personne humaine ». On retrouve les mêmes prescriptions aux articles 4 et 5 de la *Charte africaine des droits de l'homme et des peuples*. Pour le cas particulier des droits des personnes détenues, les normes les plus complètes de protection se trouvent au niveau d'un ensemble de textes non contraignants conclus sous l'égide des Nations Unies, mais dont l'usage est fortement encouragé dans la pratique des États. Il s'agit en particulier de l'Ensemble de principes pour la protection de toutes les personnes soumises à une forme quelconque de détention, de l'Ensemble des règles minima pour le traitement des détenus, des Principes fondamentaux relatifs au traitement des détenus… Pour les femmes détenues, plus spécifiquement, on se reportera aux Règles des Nations Unies concernant le traitement des femmes détenues et les mesures non privatives de liberté pour les femmes délinquantes, encore appelées Règles de Bangkok. Une même spécificité est faite en ce qui concerne le cas particulier des enfants avec les Principes directeurs de Ryad sur la prévention de la délinquance juvénile, les Règles de Beijing sur l'administration de la justice pour mineurs, les Règles de Tokyo sur les mesures non privatives de liberté et les Règles de La Havane. Plusieurs de ces normes protectrices des droits des personnes en détention ont été rassemblées en 2015 sous le vocable Règles Nelson Mandela en l'honneur de l'icône de la liberté et prisonnier célèbre comme mentionné ci-haut. Il y a aussi la

Déclaration d'Arusha sur la bonne pratique en matière pénitentiaire. Au plan interne, en Guinée, le Code de procédure pénale, dès son article préliminaire, donne le ton sur la liberté avec la célèbre maxime « La liberté est la règle, et la détention, l'exception » ; en sus d'autres normes protectrices des droits des personnes en détention.

Pour une politique pénitentiaire centrée sur la dignité et les droits des personnes détenues

Très souvent, le seul droit impacté par les personnes en détention est leur liberté d'aller et de venir, et ce, pour un pour un but bien déterminé, sous le contrôle d'un juge. Elles conservent, sous certaines exceptions, l'ensemble des droits reconnus à la personne. La personne détenue a, en particulier, droit à un traitement avec respect de sa dignité, le droit à l'intégrité physique avec l'interdiction de la torture et autres châtiments, le droit de maintenir les liens familiaux, le droit à des soins de santé, le droit d'être dans des locaux adéquats, le droit à la culture et aux loisirs, le droit au respect de ses convictions religieuses… l'usage de l'isolement cellulaire doit être une mesure de dernier recours et devrait même être aboli. Les mesures disciplinaires doivent être appliquées en respect de la dignité de la personne détenue. Une politique pénitentiaire adéquate et centrée sur les droits des personnes détenues en est une qui respecte leur dignité, leurs droits et apte à favoriser leur réhabilitation et leur réinsertion dans la société. Pour le cadre guinéen, il serait essentiel d'investir massivement dans la construction des prisons modernes et leur catégorisation selon le statut pénal des personnes détenues, selon les exigences de sécurité, selon le genre et l'âge. Il faut également l'intégration de l'aspect droits fondamentaux dans la formation des acteurs de toute la chaine de l'administration pénitentiaire. Il est essentiel d'intégrer la personne détenue d'amont comme d'aval dans le processus de réinsertion. Il faut, enfin, effectuer un contrôle strict sur les lieux de privation de liberté.

Nous terminerons encore cette tribune avec cette citation de Nelson Mandela : « … personne ne peut prétendre connaitre vraiment une nation, à moins d'avoir vu l'intérieur de ses prisons, une nation ne doit pas être jugée selon la manière dont elle traite ses citoyens les plus éminents, mais ses citoyens les plus faibles ».

Conakry, le 2 février 2023
-Juris Guineensis No 43.

-44-

PLAIDOYER POUR UN MÉCANISME DE JUSTICE TRANSITIONNELLE EN GUINÉE

7-8 février 2023. Tenu à Bujumbura, Burundi, de l'Atelier sur les droits de l'enfant et la justice transitionnelle en Afrique, par l'Institut pour les Droits Humains et le Développement en Afrique, IDHDA, avec la présence effective du Président du Comité Africain d'Experts sur les Droits et le Bien-Etre de l'Enfant. Participant à cette importante rencontre, cette opportunité nous invite à effectuer le présent plaidoyer pour la poursuite et le renforcement du processus de justice transitionnelle en Guinée. Dans la présente tribune, nous allons revenir sur les normes internationales et africaines encadrant la justice transitionnelle avant de souligner son intérêt pour la Guinée et plaider pour sa mise en branle au pays, un mécanisme inclusif et surtout sensible au genre et aux droits de l'enfant.

Des normes internationales et africaines encadrant la justice transitionnelle

La communauté internationale accorde une importance capitale à la justice transitionnelle pour la stabilité, la paix, le respect des droits humains et bien d'autres aspects essentiels du vivre en commun. Il s'agit en quelque sorte d'accéder à « la vérité, la justice, la réparation et la réconciliation nationale ». Au niveau des Nations Unies, le

Conseil de Sécurité, l'Assemblée générale et le Secrétaire général ont eu à prendre plusieurs initiatives en ce sens à travers l'édiction de normes et d'actions sur le terrain. Il s'agit notamment de celle du Conseil de sécurité qui donne une définition large de la justice transitionnelle comme « l'éventail complet des divers processus et mécanismes mis en œuvre par une société pour tenter de faire face à des exactions massives commises dans le passé, en vue d'établir les responsabilités, de rendre justice et de permettre la réconciliation ». Sur le plan africain, l'Union africaine n'est pas en reste. La Commission de l'Union Africaine a élaboré et la Conférence des Chefs d'État a adopté la Politique de l'Union Africaine sur la justice transitionnelle en 2019. Cette politique est un guide pour les pays africains qui s'engage dans le processus de justice transitionnelle.

De l'intérêt pour la Guinée de s'engager dans un processus de justice transitionnelle par la mise en place d'une Commission Justice-Vérité-Réparation et Réconciliation nationale

Dans ce domaine, en Guinée, plusieurs tentatives ont eu lieu et d'autres sont en cours. Nous avons en pensée les actes du début de restitution des biens saisis lors du premier régime par le gouvernement militaire après 1984, les travaux de la Commission provisoire de réflexion sur la réconciliation nationale sous le régime récemment renversé et les activités des Journées Pardon et Réconciliation en cours. Cependant, force est reconnaître que ces processus souffrent tous d'un manque d'une architecture institutionnelle à l'instar d'une Commission Justice-Vérité-Réparation et Réconciliation nationale en tant que telle. S'appuyant sur ces acquis et sur l'expérience des pays africains ayant vécu des atrocités du passé et expérimenté des processus de justice transitionnelle, la Guinée ne peut pas faire l'économie d'un tel processus. Il est temps d'y penser et surtout d'agir en ce sens.

De l'importance d'un processus de justice transitionnelle sensible au genre et aux droits de l'enfant

Pour être efficace, un processus de justice transitionnelle se doit être inclusif et pour l'être effectivement, il doit donner la parole aux catégories les plus affectées par les actes du passé et les plus vulnérables de la société, ici, en l'occurrence les femmes et les enfants. Ces deux catégories doivent être au cœur du processus d'amont en aval. Les aspects spécifiques au genre doivent être pris en compte à tous les niveaux. L'article 12 de la Convention relative aux droits de l'enfant relatif à la participation de l'enfant doit être la lumière qui éclaire le processus.

La consolidation du processus de justice transitionnelle dont les prémisses sont bien présentes, mais timides passe nécessairement par la mise en place d'une véritable Commission Vérité-Justice-Réparation et Réconciliation nationale en Guinée, ancrée sur les normes sus indiquées, dotée de moyens humains, matériels et financiers suffisants, disposant de pouvoirs étendus, s'inspirant des expériences des pays comme l'Afrique du Sud, le Rwanda, la Sierra Leone et le Libéria et ayant un caractère inclusif, avec un accent particulier sur le genre et les droits de l'enfant. L'amorce et la mise en place d'un tel processus de justice transitionnelle permettra à la Guinée de lire toutes les pages de son passé, de réparer les torts et de briser le cycle de violences intergénérationnelles et de parvenir à une véritable réconciliation nationale, gage du vivre-commun et garant du développement.

Conakry, le 17 février 2023

-Juris Guineensis No 44.

-45-

DU HUIS CLOS EN DROIT INTERNATIONAL PÉNAL ET EN DROIT GUINÉEN

Depuis le 14 février 2023, les audiences criminelles du Tribunal de Première Instance de Dixinn délocalisé à Kaloum en l'affaire des évènements du 28 septembre 2009 se tiennent à huis clos, à la demande des victimes parties civiles notamment des infractions sexuelles comme il est de droit en pareilles circonstances. Habitué à suivre régulièrement le procès emblématique, le public a bien hâte de retrouver le petit écran. Poursuivant l'un des buts de la tribune qui est celui de la vulgarisation du droit au grand public par la médiation de l'actualité, nous allons nous pencher sur la compréhension du huis clos avant de voir ses sources et pratiques en droit international pénal et en droit guinéen.

Compréhension et sens du huis clos

En principe, la procédure pénale est caractérisée par la publicité des débats qui signifie un accès universel à toute personne à l'audience. Ce principe constitue en soi la garantie de transparence en vue d'un procès juste et équitable, au vu et su de tout le peuple au nom duquel justice est rendue. Le huis clos constitue l'exception au principe de la publicité des débats. Comme l'indique son nom, le procès à huis clos est un procès tenu à « portes closes ». Il s'agit d'un procès tenu hors la présence du public. Il est prononcé par le président du tribunal dans l'intérêt du public ou dans l'intérêt des victimes et des témoins. Le huis clos au pénal est connu en procédure civile sous le vocable « en chambre du conseil ».

En droit international pénal

Dans la pratique de la justice pénale internationale, la publicité des débats constitue toujours le principe d'un procès juste et équitable. Cependant, le huis clos est souvent prononcé dans l'intérêt des victimes ou la protection des témoins. À titre d'illustration, au niveau de la Cour pénale internationale, la Règle No 72 du *Règlement de procédure et de preuve* admet l'examen à huis clos de la pertinence ou de l'admissibilité des éléments de preuve concernant les victimes de violences sexuelles. Plusieurs audiences de l'Affaire *Bosco Ntaganda* à la CPI en 2017 se sont également déroulées à huis clos notamment pour la protection des témoins. Les technologies de l'information et autres techniques sont souvent usitées pour faciliter le déroulement des audiences dans de tels cas comme l'attribution des numéros anonymats d'identification, usage de cabines, intervention par vidéo et autres.

En droit guinéen

Le siège du huis clos en Guinée est enchâssé à l'article 397 du *Code de procédure pénale* en ces termes : « Les débats sont publics, à moins que la publicité ne soit dangereuse pour l'ordre public ou les mœurs. Dans ce cas, le tribunal le déclare par un jugement rendu en audience publique. (…) Lorsque les poursuites sont exercées du chef du viol ou de torture et des actes de barbarie accompagnés d'agressions sexuelles, le huis clos est de droit si la victime partie civile ou l'une des victimes parties civiles le demande ; dans les autres cas, le huis clos ne peut être ordonné que si la victime partie civile ou l'une des victimes parties civiles ne s'y oppose pas. (…) ». Les infractions de nature sexuelles étant l'une des caractéristiques des évènements du 28 septembre 2009, le huis clos est ainsi de mise.

Pour terminer, à en juger par les demandes du public pour suivre le procès comme de coutume et l'importance qu'il accorde à sa tenue, il est déjà loisible d'affirmer que le procès des évènements du 28 septembre 2009 est en train de remplir le rôle qui est le sien, celui d'exorciser notre douloureux passé et jeter les jalons d'un futur radieux fondé sur la justice pour toutes les filles et tous les fils de la Guinée.

Conakry, le 2 mars 2023

-Juris Guineensis No 45.

-46-

La semaine faste pour la Terre aux Nations Unies : changements climatiques et protection de la haute mer

La semaine du 4 mars 2023 a connu une moisson faste pour la terre aux Nations Unies : la conclusion de l'accord historique sur la protection de la haute mer et la demande d'avis à la Cour internationale de justice (CIJ), sur les obligations des États en matière de changements climatiques. Dans cette tribune, nous ferons un tour d'horizon sur ces deux aspects importants pour la protection de la terre et les enjeux qu'ils représentent pour la Guinée, un État côtier.

Accord historique des États sur la protection de la haute mer

Les États sont parvenus à un accord sur le texte du premier traité international sur la protection de la haute mer le 4 mars 2023, et ce, après d'âpres et longues discussions. Portant le titre de *Traité international sur la conservation et l'utilisation durable de la biodiversité marine des zones ne relevant pas des autorités nationales*, comme l'indique bien son nom, il concerne la protection de la haute mer en créant des zones marines internationales protégées, la réalisation d'études d'impacts sur l'environnement en haute mer, l'adoption du principe de partage des bénéfices tirés des ressources génétiques marines collectées en haute mer et la projection pour l'atteinte de la cible de protection de 30 pour cent des océans d'ici 2030.

Pour rappel, la haute mer commence à partir de la limite de la zone économique exclusive, ZEE, des États soit un maximum de 200 milles nautiques, un équivalent de 370 km des côtes ; une zone qui ne relève pas de l'autorité d'un État. Les eaux intérieures, la mer territoriale et autres zones sont couvertes par la *Convention relative au droit de la mer*, connue sous le nom de Convention de Montego Bay. L'adoption et la ratification de ce traité permettront d'agir sur les changements climatiques pour la protection de cet écosystème à la fois vital et fragile qu'est la haute mer.

Demande d'avis consultatif de l'Assemblée générale des Nations Unies à la Cour internationale de justice sur l'obligation des États en matière de changements climatiques

L'Assemblée générale des Nations Unies a fait une demande à la CIJ, l'organe judiciaire permanent chargé de juger les différends entre États et de donner des avis sur les questions de droit international, pour exercer sa compétence consultative sur les deux questions qui suivent :

1.Quelles sont les obligations des États en vertu du droit international pour assurer la protection du système climatique contre les émissions de GES pour les États et pour les générations futures ?

2.Quelles sont les conséquences juridiques en vertu de ces obligations pour les États qui, par leurs actes et omissions, ont causé des dommages importants au système climatique et à d'autres parties de l'environnement en ce qui concerne les États, y compris les États insulaires en développement et les peuples et individus des générations présentes et futures ?

Cet avis est bien attendu, il permettra non seulement de préciser les obligations des États, mais aussi leur responsabilité du point de vue des changements climatiques.

Les enjeux pour la Guinée en matière de changements climatiques et de la protection de la haute mer

La Guinée, un État côtier avec un environnement de mangrove vital et fragile et disposant d'une large ouverture maritime se prolongeant dans la haute mer, est fondée d'agir sur les enjeux soulevés par le futur traité et par l'avis sollicité. Elle pourrait figurer parmi les États qui doivent œuvrer à sa conclusion, à sa ratification et à sa mise en œuvre.

Conakry, le 17 mars 2023
-Juris Guineensis No 46.

-47-

Journée mondiale de l'Art : Pour la poursuite de la valorisation du patrimoine artistique en Guinée

15 avril 2023, célébration par la communauté internationale, sous l'égide de l'UNESCO, de la Journée mondiale de l'Art. Une journée qui fait sens pour la Guinée, souvent connue pour le roman *L'enfant noir* de CAMARA, les prouesses de ses Ballets africains et autres artefacts d'arts et de culture. Dans la présente tribune, nous allons revenir sur le sens et la portée de cette journée avant de souligner les enjeux que l'art représente pour la Guinée, en raison de la richesse et de la diversité de son patrimoine.

Le sens et portée de la Journée mondiale de l'art

Lors de la 40e session de la conférence générale de l'UNESCO en 2019, il fut adopté la Journée Mondiale de l'Art, connue sous le sigle anglais de World Art Day. Cette journée, selon l'UNESCO, vise à « promouvoir le développement, la diffusion et la jouissance de l'art. » Cette année, le Secrétaire général des Nations Unies, Antonio Gutierrez, faisant référence au tableau Guernica de Picasso sur la guerre civile espagnole qui orne la salle du Conseil de Sécurité des Nations Unies, souligne le rôle de l'art comme facteur de paix, de tolérance et d'établissement des liens entre les nations, en ces termes : « By bringing us together, a work of art can make us more tolerant of our differences. … This let us remember how art can unite and connect us even in times of crisis and difficulty. » Cette journée est à mettre à profit pour organiser des rencontres de réflexions sur l'art, des visites guidées dans les musées et l'initiation des jeunes aux activités artistiques en vue d'une transmission intergénérationnelle.

Les enjeux de la valorisation du patrimoine artistique pour le développement de la Guinée

La Guinée est un État qui a fait sa réputation dans le domaine des arts dans le monde bien avant son indépendance. Pour rappel, les masques et les étoffes guinéens ont toujours fasciné les explorateurs et font partie des biens culturels qui ornent aujourd'hui les musées occidentaux. Un patrimoine qui d'ailleurs devrait faire objet d'inventaire en vue d'une démarche de restitution comme indiquée dans une de nos précédentes tribunes. Le masque N'Dimba qui vient de faire couler inutilement ancres et salives en est illustration. Que dire de nos chants, de nos danses et notre riche patrimoine immatériel… Il y a lieu de souligner que ce riche patrimoine a connu un certain désintérêt de la part de nos gouvernants ces derniers temps le mettant ainsi en péril. Toutefois, il faut reconnaitre l'existence des efforts pour sa valorisation notamment la mise en place du Fonds du développement des activités culturelles, l'organisation des évènements artistiques et la règlementation des arts. On note aussi et surtout les initiatives privées dans la promotion et le développement de l'industrie artistique et culturelle à l'instar de l'incubateur culturel Studios Kirah, la Villa des Arts, les 72 Heures du Livre et autres. Cette valorisation doit se poursuivre et s'accentuer à travers les actions qui suivent : rendre systématique l'enseignement des arts du primaire au lycée, accorder le principe d'« un pour cent pour l'art » permettant d'inclure et d'accorder ce pourcentage à la réalisation d'une œuvre d'art pour chaque projet de construction d'édifices publics par voie de concours, digitaliser le patrimoine immatériel, inscrire le retour de notre patrimoine « pillé » présent dans les musées comme priorité et autres initiatives de même nature.

Il ne nous reste plus qu'à souhaiter bonne Journée mondiale de l'Art à nos aimables lectrices et lecteurs.

Conakry, le 15 avril 2023

-Juris Guineensis No 47.

-48-

POUR UNE POLITIQUE NATIONALE DE LA TOPONYMIE EN GUINÉE. POURQUOI ET COMMENT ?

18 avril 2023, inauguration du Pont de Kagbelen et l'attribution du nom de Président Paul KAGAME à cette infrastructure majeure par son hôte, le Président Mamadi DOUMBOUYA, une action normale sous d'autres cieux et qui suscite moult débats en Guinée, les uns soutenant l'acte et d'autres préférant une autre appellation. Pourquoi ? Au-delà de ces grincements de dents et de soutiens de part et d'autre et en dehors de ce cas précis, vu la récurrence de ce débat, il y a lieu de se poser la question fondamentale de l'établissement d'une véritable politique nationale de la toponymie en Guinée, à titre d'élément marqueur d'histoire d'un pays. Dans la présente tribune, nous allons tenter de répondre aux deux questions qui suivent. Pourquoi et comment mettre en place une véritable politique nationale de la toponymie en Guinée ?

Pourquoi établir une politique nationale de la toponymie en Guinée ?

En dehors du cas emblématique ci-haut cité et qui est tout à fait normal à nos yeux, il y a lieu de faire un constat sur une absence totale d'une politique cohérente en ce sens surtout ces derniers temps. Pourtant, dans un passé récent, des efforts ont été enregistrés en ce sens avec les promotions des universités guinéennes qui portaient de nom comme Promotion Samory et autres. De nos jours, il est courant de voir les facultés d'une même université porter divers noms, souvent d'un simple bienfaiteur du coin pour des espèces sonnantes. S'il est vrai qu'il faut respecter la liberté et l'autonomie des uns et des autres, il serait tout de même important d'encadrer ce processus. Également en dehors de certaines grandes artères de la capitale qui disposent de dénomination significative, salutaire dans l'intention, l'adressage des rues de Conakry comporte des noms bizarres et n'ayant aucune signification du genre Rue DI 407 pour Dixinn, Rue KA 05 pour Kaloum et nous passons, comme si nous n'avons pas suffisamment de héros, de dates et de faits historiques dignes de recevoir commémoration. Il y a le cas par exemple de l'Université de Kindia qui aurait pu porter le nom du Pr Djibril Tamsir Niane à son décès. L'ensemble de ces écueils invite à élaborer et mettre en œuvre une politique nationale cohérente en matière de toponymie en Guinée.

Comment mettre en place une politique nationale de la toponymie en Guinée ?

Il faut s'orienter vers deux aspects à la fois normatifs et institutionnels. Du point de vue normatif, il faudrait élaborer une politique nationale de la toponymie, soutenue par une loi et des règlements, qui tient compte de l'histoire du pays. Une telle politique définira les principes, les objectifs et autres aspects d'une toponymie inclusive et fidèle à l'histoire du pays. La Loi et ses règlements encadreront les critères, les règles et les procédures d'attribution de noms à des lieux symboliques et les organes en charge de leur mise en œuvre. Du point institutionnel, il y a lieu de mettre en place une commission nationale de la toponymie en Guinée avec ses démembrements à l'échelle du pays. Une telle commission aura une mission de recherche, d'analyse et de recommandation des toponymies en Guinée. Elle pourra établir des causes d'exclusion en raison de controverses ou potentialités d'atteintes au vivre en commun.

La toponymie ne relève pas d'un fait du hasard, mais il s'agit pour la nation de reconnaître de manière concrète et publique l'apport des personnalités à l'édification du pays, souligner des faits significatifs à son évolution et à la marche du monde.

Conakry, le 5 mai 2023

-Juris Guineensis No 48.

-49-

DU RESPECT DE LA LIBERTÉ D'EXPRESSION DANS LA FORMATION D'UN ESPACE PUBLIC LIBRE EN GUINÉE

Mi-mai 2023. Constats d'interruption d'internet et autres atteintes graves à la liberté d'expression en Guinée. La réussite de cette transition, que nous appelons de tous nos vœux, toutes et tous, ne peut se faire avec l'économie des libertés fondamentales. Le besoin d'un espace public libre est vital. Dans la présente tribune, nous allons successivement traiter du constat du rétrécissement de l'espace public dans notre pays, de la place de la liberté d'expression dans la formation de cet espace public et de l'intérêt qu'il représente pour la refondation tant souhaitée pendant cette période de transition en Guinée.

Le constat d'un rétrécissement de l'espace public en Guinée

Pour revenir un peu en arrière, il est utile de rappeler que les thèses développementalistes des années 60 prônaient un pouvoir fort permettant de canaliser toutes les énergies nationales vers le développement du pays quitte à mettre entre parenthèses les droits et libertés. Ces thèses privilégiaient les droits économiques et sociaux au détriment des libertés politiques. À l'arrivée, nous nous sommes retrouvés avec la dictature du parti unique, la pauvreté et la confiscation des libertés, loin du développement tant projeté. De nos jours, de relents de même nature se font jour en soutenant que l'on peut suspendre les libertés fondamentales pour réussir la transition. Pour notre part, il est plus qu'indispensable de restaurer l'autonomie de cet espace public nécessaire à l'éclosion de la démocratie en encadrant l'exercice des libertés qui lui donne corps, liberté d'opinion, liberté d'association, liberté d'association et autres.

La place de la liberté d'expression dans la formation d'un espace public en Guinée

Lors des transitions démocratiques des années 90, les revendications les plus profondes concernaient la liberté d'expression. La formation d'un esprit critique contre le monolithisme ambiant de l'époque est tributaire des journaux clandestins, des radios pirates et autres tracts. C'est la conquête de la liberté de parole qui a permis l'éclosion d'un pluralisme démocratique plus large en Guinée, qu'il soit syndical, politique ou autre. On a encore en souvenir les feuilles polycopiées appelant à plus d'ouverture démocratique qui circulaient sous le manteau dans les cafés, à Madina et dans les campus. De nos jours, point n'est besoin de souligner le rôle clé d'une presse libre dans la formation de l'opinion publique. L'Etat se doit d'être garant de cette liberté chèrement acquise en termes de soutien et de régulation et non de constituer un frein à son épanouissement.

L'intérêt d'un espace public libre pour une refondation réussie en Guinée

Par essence, une période de transition est une période charnière au cours de laquelle un pays passe d'un système à un autre et dans le cadre d'une transition démocratique, il s'agit d'un processus consistant à changer fondamentalement un système de déficit démocratique à un régime présentant toutes les caractéristiques de la démocratie dont les principes fondamentaux sont l'instauration d'un État de droit et le respect des libertés fondamentales. Nous vivons présentement cette période transitoire en Guinée. Les normes et les institutions devant régir le pays pour le futur doivent faire l'objet de consensus, consensus qui ne peut se former que par des citoyens jouissant de toutes leurs libertés. Tous les chantiers de la refondation ne peuvent aboutir et revêtir une légitimité que par le truchement d'un débat libre.

La Guinée a tout intérêt à fonder ses institutions et ses actions sur le respect des libertés fondamentales de ses citoyennes et citoyens.

Conakry, le 27 mai 2023
-Juris Guineensis No 49.

-50-

QUID DU RÉGIME POLITIQUE DE LA GUINÉE POST-TRANSITION ? POUR UN RÉGIME PRÉSIDENTIEL RATIONALISÉ

I- Notes introductives

Mi-mai à mi-juin 2023. Débats d'orientation constitutionnelle en cours au sein du Conseil National de la Transition (CNT) en Guinée. Un processus salutaire. La constitution devant régir les destinées de la nation doit refléter les réalités du pays et les aspirations du peuple et être le fruit d'un large consensus de toutes les filles et de tous les fils de la Guinée. Dans la présente tribune, juriste constitutionnaliste et internationaliste, nous entendons contribuer au présent débat d'orientation constitutionnel[1] en rappelant l'essence de la démocratie, le sens de la transition démocratique et optons clairement pour un régime présidentiel rationnalisé pour la Guinée. Le 15 septembre de chaque année, il y a la célébration de la Journée internationale de la démocratie, presque dans l'indifférence en Guinée. Pourtant, depuis le 5 septembre 2021, date de prise effective du pouvoir en Guinée par le

[1] Une version de la présente contribution a déjà fait l'objet d'une communication lors Journées de réflexion sur la transition en Guinée du Centre International de Recherche pour le Développement (CIRD) courant novembre 2021.

Comité National de Rassemblement pour le Développement (CNRD), c'est le maître-mot qui gouverne toutes les lèvres. Quels sont les principes essentiels de la démocratie ? Quid de la période de transition démocratique en Guinée ? Quelle démocratie peut-on envisager pour la Guinée ? Et si la Guinée adoptait un régime présidentiel rationalisé ? Telles sont les quatre questions auxquelles nous allons tenter d'apporter de modestes esquisses de réponse.

II- Quelle est l'essence de la démocratie ?

La démocratie peut comprendre plusieurs acceptions telles que pouvoir du peuple, choix de gouvernants par les gouvernés, soumission de tous à la volonté populaire... Cependant, le mode de choix des gouvernants par voie électorale, la soumission de tous (gouvernants et gouvernés) au droit et le respect des droits humains constituent les principes substantiels qui fédèrent toutes les opinions. En d'autres termes, la démocratie désigne une forme de gouvernement dans laquelle la souveraineté appartient au peuple qui l'exerce aux moyens de représentants élus par voie d'élections honnêtes, libres, pluralistes, justes et périodiques dans le but de garantir le respect des droits de la personne et assurer la paix sociale. Les racines de la démocratie sont anciennes et ses principes ont été rappelés tant par des sources universelles, régionales que nationales. Ce sont respectivement la *Déclaration universelle des droits de l'homme* (1948) et le *Pacte international relatif aux droits civils et politiques* (1977), la *Déclaration universelle de la démocratie des Nations unies* (1997), la *Charte africaine de la démocratie et de la bonne gouvernance de l'Union africaine* (2001), le *Protocole de la gouvernance et de la démocratie de la CEDEAO* et le préambule de diverses constitutions nationales. L'article 21.3 de la DUDH stipule à cet effet que : *« La volonté du peuple est le fondement de l'autorité des pouvoirs publics ; cette volonté doit s'exprimer par des élections honnêtes qui doivent avoir lieu périodiquement, au suffrage universel égal et au vote secret ou suivant une procédure équivalente assurant la liberté du vote. »*

III- Quid de la transition démocratique en Guinée depuis le Coup d'État du 5 septembre 2021 ?

D'emblée, il convient de cerner le concept de « Transitions démocratiques ». Pour Huntington, la transition démocratique « comporte la mise à terme du régime non démocratique, l'instauration du régime démocratique et la consolidation du nouveau régime » [Samuel Huntington, Troisième vague, 1996]. Le Pr Holo définit le concept comme « une période au cours de laquelle un pays change ses structures politiques et passe d'un régime autoritaire vers un régime démocratique » [Theodore Holo, Séminaire de DEA Transitions démocratiques, Université d'Abomey-Calavi, 2001]. Pour nous, « les transitions démocratiques désignent le passage d'un régime autoritaire méconnaissant les droits de l'homme à un régime démocratique, un régime protecteur des droits de la personne [Thierno Souleymane Barry, Transitions démocratiques et droits de l'homme en Afrique de l'Ouest : cas du Bénin, la Guinée, le Togo et le Mali, Mémoire de DEA, Université d'Abomey-Calavi, 2001]. Le passif du régime précédent en termes des droits humains, le Coup d'État intervenu et les orientations des nouvelles autorités tendant à la libération des détenus politiques et à la restauration du processus démocratique permettent de répondre par l'affirmative à la question que dessus. La Guinée est entrée dans une période de transition démocratique. Elle peut bien amorcer un processus de retour à un ordre constitutionnel démocratique.

IV- Quelle démocratie pour la Guinée ?

En célébrant le 15 septembre de chaque année comme Journée internationale de la démocratie, les Nations Unies ne prennent pas la défense d'un « modèle spécifique de gouvernement, mais d'une gouvernance démocratique ». Il appartient ainsi à chaque peuple, tout en respectant les principes sus indiqués, de moduler sa gouvernance démocratique. Avec l'arrivée de nouvelles autorités le 5 septembre 2021 et la transition qui se dessine à l'horizon, il est loisible de se questionner sur la démocratie à bâtir en Guinée. Cependant, il est utile de souligner, d'emblée, que la Guinée a besoin d'une réelle démocratie et non son vernis. La démocratie s'entend par la réunion et l'application des principes et valeurs qui la sous-tendent à savoir : un multipartisme intégral - avec possibilité de contrôle de l'effectivité de l'existence des partis politiques – le pluralisme syndical, la liberté d'association, le pluralisme d'opinion, le respect des droits de l'homme en général, la soumission des gouvernants et gouvernés à l'État de droit, la lutte contre l'impunité et le combat contre la corruption et la promotion de la bonne gouvernance par la reddition des comptes. La Guinée ne peut pas faire l'économie de ces principes et valeurs de la démocratique, quelle que soit la nature du régime politique choisi. Pour notre part, nous optons, pour les raisons qui suivent, pour un régime présidentiel rationalisé pour la Guinée d'après transition.

V- Pour un régime présidentiel rationalisé en Guinée

Par régime présidentiel rationalisé, nous l'entendons dans le sens classique, mais dépouillé de la pléthore d'organes qui le meublent inutilement comme nous l'indiquons dans le développement qui suit. Il ne couvre pas non plus le fameux présidentialisme africain avec la prééminence absolue du président, régime tant décrié. À notre avis, la Guinée peut bâtir sa démocratie au tour des points qui suivent. Le pouvoir exécutif sera dirigé par un Président de la République élu par voie d'élections libres pour un mandat de 5 ans renouvelable une seule fois. Cette disposition doit figurer parmi les principes constitutionnels intangibles. Il est assisté d'un gouvernement de mission de moins d'une trentaine de portefeuilles aux attributions bien définies et ayant à sa tête un Premier ministre responsable devant l'Assemblée nationale qui peut lui retirer la confiance. En lieu et place d'une chambre pléthorique, une Assemblée nationale de moins d'une centaine de parlementaires, assistée d'une fonction publique parlementaire efficace, constituerait le pouvoir législatif avec possibilité de dissolution par le Président de la République en cas de double persistance législative. Il sera ainsi établi un jeu poids et de contrepoids entre les deux pouvoirs. Un corps judiciaire de magistrats constitué d'un ordre judiciaire et d'un ordre administratif forme le pouvoir judiciaire. Le contentieux constitutionnel sera intégré à l'ordre judiciaire par le mécanisme de question prioritaire de constitutionnalité et par voie d'action. L'histoire récente de notre pays - et surtout au regard de son bilan peu honorable - milite en faveur de la suppression de la cour constitutionnelle.

A ces trois pouvoirs essentiels, on peut envisager une rationalisation des autres institutions à rang constitutionnel en regroupant tous les organes consultatifs au sein d'une seule institution, dont les membres désignés à parité entre le Président de la République et l'Assemblée nationale par moitié et ayant un rôle consultatif avec faculté d'auto-saisine. Il faudra ainsi de facto supprimer le Conseil économique, social, culturel et environnement, le Médiateur de la République et bien d'autres autorités administratives indépendantes, budgétivores et dépourvues de pouvoir. Il en ira de même de la Commission nationale électorale indépendante qui disparaitra au profit d'une administration électorale souple gérée par le ministère de l'Intérieur sous le contrôle de juges indépendants. Une institution nationale indépendante des droits de l'homme conçu suivant les Principes de Nations Unies en la matière avec la fin de la prééminence des membres issus de l'administration serait de mise. La démocratie à la base sera envisagée avec une autonomie de plein exercice accordée aux villes et autres collectivités gérées par des mairies élues et dotées de moyens suffisants.

Dans l'optique de rationaliser temps et ressources, on devra envisager des élections générales en deux temps : les élections locales de quartiers, de districts et mairies dans toute l'étendue du territoire national réinstaurant la démocratie à la base dans un premier temps et des élections nationales (législatives et présidentielles) dans un second temps.

VI- Remarques conclusives

Pour terminer, la Guinée se doit de bâtir une démocratie efficace fondée sur les principes universels d'égalité et de justice, basée sur des institutions solides et dirigées par des autorités légitimes dont la conquête et l'exercice du pouvoir émanent du peuple aux moyens d'élections justes et équitables. Un régime présidentiel rationalisé y apportera une contribution significative.

Conakry, le 2 juin 2023

-Juris Guineensis No 50.

Références sommaires

Alexis de Tocqueville, *De la démocratie en Amérique*, Folio, 1986.

Thierno Souleymane Barry, *Transitions démocratiques et droits de l'homme en Afrique de l'ouest : cas du Bénin, la Guinée, le Togo et le Mali*, Mémoire de DEA, inédit, Université d'Abomey-Calavi, 2001.

Thierno Souleymane Barry, *Diverses tribunes sur la transition, la démocratie, les droits de l'homme en Guinée*, Sites et Journaux Guinéens, 2021.

Samuel Huntington, *Troisième vague : les démocratisations de la fin du XXe siècle*, Nouveaux Horizons, 1996.

Theodore Holo, *Séminaire de DEA sur les Transitions démocratiques*, Université d'Abomey-Calavi, inédit, 2001.

Patrick Quantin, « *La démocratie en Afrique à la recherche d'un modèle », 2 (2009) Pouvoirs,* No 129, pp.65-76.

Déclaration universelle des droits de l'homme (1948).

Pacte international relatif aux droits civils et politiques (1977).

Déclaration universelle de la démocratie des Nations unies (1997)

Charte africaine de la démocratie et de la bonne gouvernance de l'Union africaine (2001).

Protocole de la gouvernance et de la démocratie de la CEDEAO (2001).

-51-

QUELQUES CONSIDÉRATIONS POUR DES ÉLECTIONS TRANSPARENTES ET CRÉDIBLES EN GUINÉE AVEC L'OPTION D'UNE ADMINISTRATION ÉLECTORALE D'ORDRE TECHNIQUE

I- Notes introductives

Mai 2023. Débat d'orientation constitutionnelle par le Conseil National de la Transition (CNT) en Guinée. Cette seconde contribution faisant suite à celle consacrée au choix d'un régime présidentiel rationalisé porte sur les réformes nécessaires du cadre électoral en Guinée. En effet, les échéances électorales en Guinée ont toujours fait l'objet de contestations, sont porteuses de grandes violations des droits humains et ont été source d'instabilité politique. La voie électorale étant le mode de choix des gouvernants par les gouvernés dans le cadre du processus démocratique, il est essentiel d'accorder une attention particulière à cette problématique dans le cadre de la refondation des institutions en cours. Pour des élections transparentes, sincères et crédibles en Guinée, dans la présente tribune et au titre de notre contribution au débat[2], nous estimons

[2] La présente contribution a fait l'objet de communication lors des Journées de réflexion sur la transition en Guinée du Centre International de Recherche pour le Développement (CIRD), courant novembre 2021.

nécessaire la suppression de la Commission nationale électorale indépendante et envisageons un retour à l'organisation des élections par des organes techniques aux moyens des reformes dont le développement va suivre dans les prochaines lignes.

II- **Un cadre normatif basé sur un Code électoral révisé**

Le cadre normatif des élections aura pour socle un Code électoral révisé du Code actuel. Outre l'affirmation des principes de liberté, de l'universalité et de l'égalité du suffrage, le Code électoral contiendra les aspects sur le droit de vote, les droits et devoirs de l'électeur, les conditions d'éligibilité, les consultations électorales, les modes de scrutin, le contentieux électoral et autres questions connexes. Le Code électoral sera une loi organique fruit du consensus de tous les acteurs de la vie nationale.

III- Un cadre institutionnel fondé sur une administration électorale dépolitisée au travers du Fichier électoral permanent informatisé, de la Direction générale des élections et de la Commission nationale technique des élections

D'emblée, l'histoire récente des transitions démocratiques en Afrique et particulièrement en Guinée, a démontré que les commissions nationales électorales indépendantes n'ont pas été porteuses d'espoir suscités par leur création ; il n'y a eu ni efficacité encore moins d'apaisement par l'organisation d'élections crédibles. Ce sont plutôt d'organisations à lourd budget qu'il faut renouveler à chaque échéance électorale. De temporaires jusqu'au rétablissement de la confiance entre les acteurs politiques, elles ont eu tendance à s'inscrire dans la durée. On note cependant que beaucoup de pays, à l'instar du Sénégal, les ont remplacés par des structures techniques permanentes rattachées au ministère régalien en charge des élections. Ne serait-il pas possible d'en faire de même pour la Guinée ? À notre avis, pour les raisons sus indiquées, il faudra exclure la Commission nationale électorale indépendante parmi les institutions à mettre en place. Il faudrait ramener l'organisation des échéances électorales au ministère de l'Administration du Territoire et de la Décentralisation à travers deux structures. La première structure d'ordre opérationnel sera la Direction générale des élections ; elle sera chargée du fichier électoral jusqu'aux résultats provisoires des consultations électorales en passant par les opérations intermédiaires. Les opérations particulières concernant la surveillance du Fichier électoral permanent informatisé et le découpage de la carte électorale ainsi que leurs révisions respectives seront confiées à une Commission nationale permanente technique des élections dont les modalités seront définies à travers une loi organique. À l'entame de toutes ces institutions que dessus, il y aura l'établissement d'un Fichier électoral permanent informatisé. Il sera idéal que ce fichier soit arrimé au Fichier central d'État civil. Les révisions concernant les inscriptions lors de l'atteinte de la majorité et les radiations suivant les décès peuvent se faire automatiquement, à la demande du Directeur général des élections ou des intéressés pour la question de majorité ou des ayants droit des personnes défuntes.

IV- Un contentieux électoral efficace

Le contentieux électoral devra être un contentieux diffus confié aux tribunaux de première instance à tous les niveaux en premier ressort, les cours d'appel en second ressort et la Cour suprême en dernier ressort pour les élections locales et législatives. La Cour suprême demeurera la seule compétente pour les élections présidentielles, avec des courts délais caractérisés par l'urgence de la matière électorale. Une procédure électorale contenant les compétences, les modes de saisine, les voies de recours, les délais et autres aspects devront être élaborés et adoptés.

V- Une organisation d'élections générales à date fixe

Pour rationner les ressources disponibles et pour concentrer ces périodes, sources d'instabilité et d'arrêt d'activités de développement, dans un laps de temps bien déterminé, libérant ainsi les autres périodes pour le développement de la nation, nous proposions, à l'instar d'autres pays de la région comme la Sierra Léone, l'organisation d'élections générales en Guinée. Ces élections générales organisées le même jour concerneront toutes les consultations électorales, les élections nationales présidentielles et législatives et les élections locales municipales et de quartier et district. Il en résultera une grande économie d'échelle en matière de temps, de moyens matériels et de ressources humaines.

VI- Remarques conclusives

Pour terminer, nous sommes d'avis que les reformes proposées ci-dessus sont essentielles pour aboutir à des élections transparentes et crédibles pour parachever la transition amorcée depuis le 5 septembre 2021 afin de permettre au retour à un ordre constitutionnel démocratique apaisé et accepté de toutes et de tous les Guinéens.

Conakry, le 10 juin 2023

-Juris Guineensis No 51.

Références sommaires

Mamadou Aly Thiam, *Le droit électoral guinéen*, Harmattan-Guinée

Romain Rambaud, *Le droit des élections et des référendums politiques*, L.G.D.J.

Vincent Darracq et Victor Magnani « Les élections en Afrique. ? », *Politique étrangère*, 2011.4.

Constitution guinéenne de 2010

Code électoral guinéen.

Loi 013 portant création de la CENI.

Charte des partis politiques.

Code de bonne conduite des partis politiques.

-52-

VERS UN TRAITÉ INTERNATIONAL POUR LA LUTTE CONTRE LA POLLUTION PLASTIQUE

3 juillet. Journée internationale sans sacs plastiques. 5 juin 2023, journée mondiale de l'environnement avec pour thème Combattre la pollution plastique. Du 29 mai au 02 juin 2023, Paris, débats de la deuxième session de réflexion autour du projet de traité international contre la pollution plastique. À travers ces trois évènements à dimension planétaire, l'année 2023 aura été celle portant accent sur la lutte contre l'un des fléaux les plus insidieux pour la planète Terre, la pollution plastique. Dans la présente tribune, nous ferons un rappel de la nécessité de mener le combat contre la pollution plastique par le biais d'un traité international contraignant et appellerons à une lutte plus efficace contre ce fléau en Guinée.

Vers un traité international contre la pollution plastique. Un long combat à mener.

À l'entame des travaux de la session de Paris, le Secrétaire général des Nations Unies Antonio Gutierrez déclarait que « Chaque minute, l'équivalent d'un camion poubelle remplie de déchets plastiques se déverse dans les océans. » Le Programme des Nations Unies pour l'Environnement indiquait sur la même lancée que 70 pour cent des déchets sont en plastique et 10 pour cent de ces déchets finissent dans l'océan. La formation d'une masse de solides dans l'océan de plastiques appelé de nos jours 7e continent est illustrateur de cette ampleur. En effet, il y a une accumulation de plastiques formant un vortex de déchets dans le Pacifique Nord, entre la Californie et Hawaï qui témoigne de l'importance du phénomène. Ainsi, c'est à bon droit que continue de se réunir le Comité intergouvernemental de négociation sur la pollution plastique en vue d'élaborer le futur traité international sur la lutte contre la pollution plastique. Cependant, le chemin qui reste à faire est encore long et ardu. L'industrie du plastique dispose de puissants lobbys pour influencer les travaux. L'espoir réside dans la prise en conscience du fléau par les plus hautes sphères de la communauté internationale et l'action de la société civile.

Pour l'accentuation de la lutte contre la pollution plastique en Guinée

Notre pays enregistre un retard phénoménal dans le cadre de la gestion du plastique et de ses déchets. Le plastique peuple nos aires de vie. Il suffit de jeter un coup d'œil pour s'en convaincre, que l'on soit en ville ou au village. Nos marchés, nos rues, nos bords de mer sont jonchés de déchets plastiques. Après un évènement, le sol est complètement couvert de sachets communément appelés « Yee Glacée ». Les organisateurs tout comme les usagers ne se sentent nullement obligés d'adopter de mesures de recyclage en donnant une seconde vie à ces tonnes de déchets nocifs à la santé humaine, animale et à l'environnement. La Guinée doit d'urgence adopter des politiques, des programmes et des lois ainsi que des mesures éducatives et de sensibilisation sur le phénomène de pollution plastique. Dans le cadre de la coopération sud sud, la Guinée pourrait bien s'inspirer de l'exemple rwandais qui a réussi à bannir les sacs plastiques sur son sol et s'est engagé dans les politiques de gestion durable en la matière.

La Guinée a tout à gagner à accompagner le processus visant à l'adoption d'un traité international contraignant les États à lutter contre la pollution plastique et surtout elle a le devoir impérieux et urgent de s'engager efficacement à mener un tel combat sur son propre sol pour le bien des humains qui y vivent et de la nature sur laquelle ils vivent, et ce, de manière urgente.

Conakry, le 7 juillet 2023

-Juris Guineensis No 52.

-53-

DE L'IMPORTANCE DE L'ÉDUCATION AUX DROITS DE L'HOMME

10 décembre et le 24 janvier de chaque année marquent la célébration de deux journées importantes : la journée mondiale des droits de l'homme et la journée internationale de l'éducation. La combinaison de la célébration de ces deux dates significatives nous offre l'occasion d'évoquer l'importante question de l'éducation aux droits de l'homme. Dans la présente tribune, nous nous intéresserons particulièrement sur les sources, le contenu et l'importance de l'éducation aux droits de l'homme.

Les principales sources de l'éducation aux droits de l'homme

Dès l'Acte constitutif de l'UNESCO dont la création remonte au 16 novembre 1945, le ton est donné : « Les guerres prenant naissance dans l'esprit des hommes, c'est dans l'esprit des hommes que doivent être élevées les défenses de la paix. » L'indication est claire. Une information, une sensibilisation et une éducation aux idéaux de paix, qui sont indissociables des droits de l'homme et de la démocratie, constituent une source fondamentale à l'éducation aux droits de l'homme. Presque la plupart des traités internationaux des droits de l'homme contiennent des obligations de diffusion de leurs contenus auprès des différents acteurs de la société, des bénéficiaires tout comme ceux qui sont chargés de leur mise en œuvre. Pour illustration, le droit à l'éducation est mentionné aux articles 28 et 29 de la Convention relative aux droits de l'enfant de 1989. L'article 29 sus indiqué est relatif aux objectifs de l'éducation : « 1. Les États parties conviennent que l'éducation doit viser à : (...) inculquer à l'enfant le respect des droits de l'homme et des libertés fondamentales, des principes consacrés dans la Charte des Nations Unies. »

Le contenu de l'éducation aux droits de l'homme

L'éducation aux droits de l'homme comprend l'acquisition des connaissances théoriques et des compétences pratiques sur tous les aspects des droits de l'homme. Sur le plan théorique, il s'agit d'acquérir des connaissances sur les principes fondateurs comme ceux d'égalité, la liberté, de non-discrimination et autres. Il s'en suit le corps des droits intrinsèques des trois catégories des droits humains que sont les droits civils et politiques, les droits économiques, sociaux et culturels et les droits de solidarité. L'éducation aux droits de l'homme doit également concerner les institutions, mécanismes et procédures de promotion et de protection des droits de l'homme ainsi que les divers recours nationaux et internationaux. Le but d'une telle éducation est d'opérer un changement au niveau des acteurs pour l'adoption d'une culture de respect des droits de toutes les personnes.

L'intérêt de l'éducation aux droits de l'homme

L'éducation aux droits de l'homme revêt une importance capitale. Certaines violations des droits humains ont pour naissance la méconnaissance des droits de l'homme tant par les titulaires victimes que des présumés auteurs. C'est pourquoi, il est essentiel que des modules de formation accessible sur les droits de l'homme soient intégrés à tous les supports de formation en direction tant des citoyens que des autres acteurs que sont les forces de défense et de sécurité, les magistrats, les administrateurs, les élus et autres.

L'avènement d'une culture de respect des droits de l'homme est largement tributaire des méthodes et moyens mis en œuvre pour leur compréhension par tous les acteurs de la société.

Conakry, le 2 octobre 2023
-Juris Guineensis No 53.

-54-

De la réparation du passif humanitaire en Guinée

Fin septembre 2023, tenue d'un atelier sur les réparations en matière des droits de l'homme en Guinée, sous l'égide du ministère de la Justice et des droits de l'homme. Au retour des vacances judiciaires et académiques, votre tribune saisit cette opportunité pour revenir sur l'importante question du droit à la réparation en matière de violation des droits de l'homme en Guinée, particulièrement les réparations concernant le lourd passif humanitaire des différents régimes qui se sont succédés en Guinée. Ainsi, verrons-nous tour à tour du droit à la réparation en matière de violations des droits de l'homme et de sa nature ainsi que du cas particulier de la Guinée.

I-Du droit à la réparation en matière de violation des droits de l'homme

Toute victime des violations des droits de l'homme a non seulement droit à un recours effectif et à une réparation adéquate. « Le but d'une réparation adéquate, effective et rapide est de promouvoir la justice en remédiant aux violations flagrantes du droit international des droits de l'homme ou aux violations graves du droit international humanitaire. La réparation devrait être à la mesure de la gravité de la violation et du préjudice subi » indiquent les Principes fondamentaux et directives concernant le droit à un recours et à la réparation des victimes de violations flagrantes du droit international des droits de l'homme et de violations graves du droit international humanitaire, adoptés par les Nations Unies. Ces principes sont un condensé des dispositions figurant dans divers instruments de protection des droits de l'homme permettant de rendre justice aux victimes des violations des droits de l'homme en matière de réparation.

II-De la nature des réparations des violations des droits de l'homme

Les violations des droits de l'homme sont souvent des violations de masse ayant un caractère individuel et collectif, en ce sens qu'elles touchent tant à l'individu pris isolément qu'à l'ensemble de la société dans son entièreté. La réparation doit couvrir ces deux volets. En sus des réparations individuelles comme la réhabilitation, la restitution ou l'allocation d'indemnités, il importe de considérer des réparations collectives en faveur de la société impactée comme la réhabilitation des infrastructures socioéconomiques, l'allocation des moyens de subsistance ou l'adoption de normes mémorielles. Les réparations peuvent être de nature purement administrative dans le cadre d'une politique de réconciliation nationale, tout comme elles peuvent intervenir à l'issue d'un processus judiciaire engagé au plan interne ou dans le cadre de mécanismes sous régionaux, régionaux ou universels des droits de l'homme (Cour de justice de la CEDEAO, Commission et Cour africaine des droits de l'homme, Comité des droits de l'homme de Nations Unies...).

III-Du cas particulier de la réparation du passif humanitaire en Guinée

Dans les conditions idéales, l'appréhension de notre lourd passif humanitaire - entendre ici toutes les formes de violations de masse des droits de l'homme en Guinée depuis 1958 - devrait intervenir dans le cadre d'un processus de justice transitionnelle avec un encadrement légal, une instance Justice-Vérité-Réparation et des règles procédurales bien définies. En raison des prescriptions en droit pénal interne et de compétence de la justice pénale internationale - CPI notamment, certaines violations des droits de l'homme des régimes précédents (les victimes de divers complots, le cas des victimes du Camp Boiro, les massacres de 1985…) peuvent emprunter avec satisfaction la voie de la réparation issue du processus de justice transitionnelle. Ainsi, pour les réparations individuelles, on pourrait penser aux restitutions des biens saisis, les indemnisations et l'identification des charniers. Les réparations collectives prendront la forme de la reconnaissance de la responsabilité de l'État des violations des droits de l'homme par les plus hautes instances du pays suivies de demande de pardon, l'érection des lieux de mémoire pour restituer les faits et éviter l'oubli, l'adoption des lois de réhabilitation des victimes injustement condamnées et des lois favorisant la non-répétition. En outre, il s'agira pour l'État de mettre en œuvre toutes les réparations des droits de l'homme résultant des décisions tant des juridictions nationales qu'internationales pour marquer son engagement au respect des droits de victimes à la réparation.

Conakry, le 12 octobre 2023

-Juris Guineensis No 54.

-55-

CONFLIT AU PROCHE-ORIENT ET PROTECTION DES POPULATIONS CIVILES : QUE DIT LE DROIT INTERNATIONAL HUMANITAIRE ?

Depuis le 7 octobre 2023 à nos jours, un conflit ouvert oppose les forces armées israéliennes aux forces du Hamas palestinien. Au cours de ce conflit, des populations civiles des deux bords subissent des effets désastreux de la part des deux forces belligérantes, conséquences des violations par les parties impliquées des règles fondamentales du droit international humanitaire. Sans entrer dans toutes les considérations politiques concernant la question, la tribune s'intéressera essentiellement à la protection des populations civiles par le droit international humanitaire. Ainsi, sera-t-il question de relever les violations des droits des populations civiles tant dans la conduite des hostilités que dans l'atteinte des règles, leur protection au regard du droit international humanitaire et de la pertinence de solution à deux États maintes fois avancés comme solution durable entre les belligérants.

I-De la violation des règles concernant la conduite des hostilités et celles relatives à la protection des populations civiles

La distinction des combattants et des non-combattants est une règle fondamentale en droit international humanitaire. Parmi les non-combattants, figurent, en premier lieu, les populations civiles. Le but de cette distinction est l'accroissement de la protection de ces dernières des effets des hostilités. Dans le présent conflit, il a été enregistré des prises d'otages et des meurtres de civils, d'attaques contre des établissements hospitaliers, des attaques disproportionnées, du siège, des restrictions aux secours et autres moyens de subsistance des populations civiles, des actes imputables, à des degrés divers, aux parties belligérantes.

Ces actes exercés contre les populations civiles sont prohibés par le droit international humanitaire. La prise d'otages est formellement interdite par la 4e *Convention de Genève* (art.147), le *Statut de Rome portant création de la CPI* (art.8 parag 2 c) et plusieurs autres instruments de droit international humanitaire. Les destructions inutiles « non justifiées par des nécessités militaires et exécutées à grande échelle » sont également interdites (art.50 du *Protocole additionnel I aux Conventions de Genève*). Il en est de même pour les attaques indiscriminées dont on sait d'avance qu'elles sont de nature à causer « des pertes en vies humaines, des blessures aux personnes civiles ou des dommages aux biens de caractères civils qui sont excessifs » (art.85 parag 3 b du *P.A I*). Les attaques contre les hôpitaux et le personnel sanitaire sont aussi interdites (art.8 parag 2 b du *Statut de Rome*). Dans le même registre figurent les actes dont l'objectif principal est de répandre la terreur dans la population civile (art.51 parag 2 du *P.A I*).

À ces prohibitions formelles destinées aux parties belligérantes, s'ajoutent des obligations de précaution tendant à épargner les populations civiles et leurs biens des effets des hostilités. En outre, les populations civiles affectées par le conflit et susceptibles d'être menacées par la famine ont le droit de recevoir assistance et secours (art.23 de la *C.G IV* et art.69 et 70 du *P.A I*) de la part des belligérants, des États tiers, du Comité international de la Croix Rouge et de tout autre organisme impartial (vivres, médicaments, vêtements, etc.).

II-De la pertinence du principe de deux États comme solution durable au conflit au Proche-Orient

Face à l'impasse actuelle au Proche-Orient, au risque d'extension du conflit dans toute la sous-région et surtout dans le but d'aboutir à une solution durable, voire définitive, point n'est besoin de réinventer la roue. L'impératif est d'engager de véritables négociations, en s'appuyant sur la solution antérieurement préconisée dans maints accords, pour aboutir à la matérialité de deux États (Palestine et Israël) aux frontières bien définies et en sécurité. Toute autre solution envisagée, à l'instar de ces incursions armées suivies de répressions sanglantes de part et d'autre, ne sera qu'éphémère comme le démontre bien l'historique de ce vieux, permanent et incandescent conflit. C'est à ce défi que la communauté internationale doit s'atteler pour éviter une fragilisation du droit international, voire la paix entre les nations.

Conakry, le 30 octobre 2023

-Juris Guineensis No 55.

-56-

RÉGLEMENTATION DU SECTEUR DES JEUX ET ENJEUX DES JEUX RESPONSABLES EN GUINÉE

Janvier 2023, création de l'Autorité de Régulation du Secteur des Jeux et Pratiques Assimilées (ARSJPA). Février 2023, arrive la Coupe d'Afrique des Nations (CAN 2024). Le phénomène de paris sportifs ira sans doute croissant comme d'habitude. Longtemps resté dans un flou en termes de règlementation, le secteur des jeux connait, de plus en plus, un encadrement conforme aux normes en la matière, même si subsistent encore des zones d'ombre qui nécessiteront d'être éclairées. Le danger qui représente le jeu compulsif devrait être mieux appréhendé et pris en charge par tous les acteurs, sous le contrôle de l'autorité de régulation suscitée. Ainsi sera-t-il question de la législation des jeux et l'amélioration notable des règles du jeu, une part et surtout de l'importance de la promotion d'un jeu responsable, d'autre part.

I-De la réglementation des jeux et de l'amélioration des règles du jeu

La Guinée vient de loin dans le cadre de la règlementation des jeux. Du *No man's land* antérieur, le pays a fait un pas de géant en séparant les sociétés d'exploitation de l'autorité de régulation du secteur des jeux. L'Autorité de Régulation du Secteur des Jeux et Pratiques Assimilées (ARSJPA) a reçu pour mission d'« organiser, de réguler, de re réglementer, de surveiller et de contrôler les jeux de hasard et pratiques assimilées et d'en assurer le suivi. » L'exigence du ministère d'huissier dans la certification des jeux et autres pratiques assimilées constitue également une avancée notable dans la transparence des opérations et la protection des intérêts de la société. La libération du secteur des jeux avec la fin du monopole de la Loterie nationale de Guinée permettra sa dynamisation en mettant tous les opérateurs sur le même pied d'égalité.

Cependant, il y a toujours place à l'amélioration en ce qui concerne la protection des personnes impliquées dans les jeux notamment par le biais de la promotion des jeux responsables, de manière continue, en amont comme en aval.

II-De l'importance de la promotion des jeux responsables

Sous tous les cieux du monde, la Guinée ne fait pas exception, les jeux, dans leurs diverses acceptions (loto, casino, paris sportifs et autres), font l'objet d'un grand engouement au sein de toutes les couches de la population. Riches comme pauvres s'y attèlent, chacun selon ses moyens. L'attrait pour les jeux n'est pas sans effet sur les personnes qui s'adonnent à l'exercice, surtout au sein des couches les plus vulnérables. Au nombre des effets néfastes, figurent des problèmes de santé mentale, de surmenage, de violence, des problèmes psychologiques et de l'accroissement de la pauvreté. Ces effets de santé publique sont souvent causés par le jeu compulsif que développent les personnes qui font du jeu une activité régulière et non un passe-temps momentané.

Il est de la responsabilité des sociétés des jeux, sous le contrôle de l'autorité en charge de la régulation du secteur, d'agir en entreprises responsables, en amont, dans le cadre de leur responsabilité sociétale, pour non seulement prévenir les fléaux du jeu compulsif, mais aussi pour apporter des soins adéquats aux personnes qui en souffrent. Parmi les actions à mener dans cette direction, figurent les campagnes de promotion du jeu responsable, la mise à disposition d'une ligne téléphonique d'écoute, des cliniques de soins psychologiques, le renforcement des organisations des parieurs et parieuses et leur représentation dans les structures des jeux, l'accompagnement entrepreneurial pour les personnes impliquées dans les jeux, les gagnants notamment et autres. Ces actions sociétales peuvent se faire dans le cadre des fondations caritatives arrimées à chacune des sociétés opératrices de jeux en Guinée. Elles entrent bien dans les attributions assignées à l'autorité de régulation en la matière qui sont de « protéger les intérêts des usagers des jeux », d'« informer et sensibiliser les opérateurs des jeux et des usagers aux jeux responsables » et de « vérifier les mesures prises par les opérateurs pour la promotion des jeux responsables et la lutte contre les jeux excessifs », comme l'indique le décret qui l'a institué.

Conakry, le 16 novembre 2023
-Juris Guineensis No 56.

-57-

COP 28 DUBAÏ. FONDS DE COMPENSATION DES DOMMAGES CLIMATIQUES ET TRANSITION HORS DES ÉNERGIES FOSSILES AU TITRE DES RÉSULTATS

Les rideaux sont tombés sur la 28e édition de la Conférence des parties (Cop 28) sur les changements climatiques, du 30 novembre 2023 au 12 décembre 2023 à Dubaï (Émirats Arabes Unis). Un compromis historique vient d'être trouvé au petit matin du 13 décembre 2023 avec l'adoption par consensus de la « transition » vers l'abandon des énergies fossiles. Instance suprême de négociations internationales sur les changements climatiques de l'Accord de Paris sur le climat de 2015, la Cop 28 a fait l'objet d'âpres négociations entre les États parties. Si plusieurs résultats ont été atteints et que d'autres aspects restent en suspens, nous allons nous appesantir sur deux éléments essentiels de cette conférence mondiale sur le climat : l'adoption du Fonds de compensation des pertes et dommages climatiques en faveur des pays vulnérables et la mention dans le rapport final de la transition des énergies fossiles vers les énergies plus propres et propices à la protection de l'environnement.

La création du Fonds de compensation des pertes et dommages climatiques en faveur des pays vulnérables

La question de la mise en place du Fonds de compensation des pertes et dommages climatiques en faveur des pays vulnérables est une revendication récurrente lors des différentes rencontres précédentes sans progrès notables en dehors des promesses. La Cop 26 à Glasgow avait regretté dans son rapport final la promesse non tenue des pays développés d'apporter des financements aux pays en développement pour atténuer leurs empreintes climatiques et pour assurer leur adaptation aux effets des changements climatiques. Lors de la Cop 27, il en a également été question. Souvent restées lettres mortes, ces promesses se sont matérialisées dès l'ouverture de la Cop 28 par la signature de l'accord portant sur ce fonds qui sera domicilié à la Banque Mondiale est destiné à l'assistance aux pays vulnérables aux changements climatiques notamment ceux en développement. Cependant, l'opérationnalisation du Fonds en termes d'apports de financement de la part des pays développés a encore du chemin à faire ; sa mise en place demeure, toutefois, un grand acquis, en termes de justice climatique.

La mention de la transition hors des énergies fossiles et vers les énergies propres pour le climat

La science du climat impute un rôle majeur aux énergies fossiles (charbon, gaz et pétrole) dans le réchauffement climatique et de ses effets sur la planète. La question portant sur ces énergies a toujours constitué un point d'achoppement entre les pays producteurs de pétrole et les partisans de la protection de l'environnement. On se souvient que, toujours lors de la Cop 26 à Glasgow, une timide mention a été faite concernant les énergies fossiles.

Ce compromis âprement négocié vise à un abandon progressif des combustibles fossiles néfastes à l'environnement pour atteindre la neutralité carbone en 2050. Bien évidemment, mention de la transition ne signifie pas retrait total des énergies fossiles, mais c'est déjà un pas dans la bonne direction.

En somme, il est loisible dire qu'avec la création du fonds de compensation et cet accord historique sur les énergies fossiles, les fruits ont tenu plus que la promesse des fleurs tant l'échec des négociations était palpable tout au long de la conférence, les thèses en présence étant diamétralement opposés. Il reste à espérer que la prochaine Cop 29 apportera des résultats encore plus prometteurs dans la protection de l'environnement de notre planète.

Conakry, le 13 décembre 2023

-Juris Guineensis No 57.

-58-

Retrait du Burkina Faso, du Mali et du Niger de la CEDEAO : une crise à résoudre pour le salut de l'intégration africaine

28 janvier 2024. Communiqué des autorités du Burkina Faso, du Mali et du Niger annonçant leur retrait sans délai de la Communauté économique des États de l'Afrique de l'Ouest (CEDEAO). Un véritable coup de massue sur les longs efforts de la construction de l'édifice communautaire qu'est la CEDEAO. Après un bref rappel du contexte de crise et du droit au retrait de la CEDEAO par le Burkina Faso, du Mali et du Niger, nous en relèverons les effets néfastes pour eux et pour l'institution et enfin, nous ferons un plaidoyer pour des actions urgentes pour éviter l'implosion de la CEDEAO.

Le contexte de retrait sous fond de crises

Suite à la rupture de l'ordre constitutionnel, le Burkina Faso, le Mali et le Niger étaient suspendus et placés sous sanctions par la CEDEAO. Il faut noter également que l'institution avait fait l'objet de critiques pour n'avoir pas été ferme à l'endroit des pouvoirs civils qui modifiaient leur constitution pour se maintenir au pouvoir, notamment en Guinée et ailleurs. Cette attitude donne l'impression d'iniquité dans la mise en œuvre des prescriptions de l'institution en matière de rupture de la gouvernance démocratique. À travers un communiqué conjoint, dans un tel contexte, ce 28 janvier 2024, les autorités du Burkina Faso, du Mali et du Niger « prenant toutes leurs responsabilités devant l'histoire et répondant aux attentes, préoccupations et aspirations de leurs populations, décident en toute souveraineté du retrait sans délai du Burkina Faso, du Mali et du Niger de la Communauté économique des États de l'Afrique de l'Ouest. » La réponse de la CEDEAO n'a pas tardé à inonder les médias à travers un communiqué : « Le Burkina Faso, le Mali et le Niger demeurent des membres importants de la communauté et Conférence reste déterminée à trouver une solution négociée à l'impasse politique. » Tout l'espoir repose dans ce libellé : la reconnaissance de l'existence d'une impasse politique et l'engagement de trouver une solution idoine pour résoudre la crise.

De l'économie du droit au retrait dans les organisations internationales comme la CEDEAO

L'accord de volonté est le principe sacro-saint qui gouverne les relations internationales entre États. Les États adhèrent librement à des traités qui instituent des organisations internationales et ont la liberté d'en sortir en respectant les conditions prescrites. En général, le retrait s'effectue par notification à l'institution et prend effet une année après la réception de la notification, période au cours de laquelle l'État est tenu de se conformer aux dispositions de l'organisation et d'accomplir ses obligations envers elle, et ce, conformément au traité constitutif. Ainsi sur le point de vue du droit, le Mali, le Burkina Faso et Niger entendent faire usage de l'article 91 du Traité constitutif de la CEDEAO du 28 mai 1975 pour manifester son intention de se retirer de la CEDEAO.

Les effets néfastes d'un retrait des pays sahéliens de la CEDEAO

Depuis la nuit des temps, les routes transsahariennes relient les côtes atlantiques et le Sahel pour les échanges commerciaux et la circulation des personnes préfigurant les actuelles routes communautaires de la CEDEAO. Cet espace ayant une continuité géographique forme un ensemble soudé dont la désintégration présente des effets néfastes tant du côté des pays sahéliens que des pays côtiers. En effet, la lutte contre le terrorisme, les changements climatiques et la prise en charge du phénomène migratoire dans l'ensemble de l'espace CEDEAO ne peuvent être efficaces sans le concours des pays sahéliens. Zones à forte concentration des attaques terroristes, espaces arides et zones de transit des routes migratoires, toutes solutions pérennes contre ces fléaux doivent se faire avec le concours de ces pays sahéliens. De l'autre côté, ces pays sahéliens ont des populations à fort taux d'immigration ; leurs habitants se comptent en masse dans d'autres pays comme les Burkinabè en Côte d'Ivoire où ils bénéficient des avantages des règles communautaires de la CEDEAO de libre circulation et d'établissement. Les divers aspects sus évoqués ne sont que d'infimes illustrations des effets néfastes que peut provoquer une désintégration de l'espace communautaire qu'est la CEDEAO.

Plaidoyer pour la mise en œuvre d'actions salutaires pour maintenir la CEDEAO dans son intégrité

Aujourd'hui, il est plus qu'urgent et essentiel de prendre le bâton de pèlerin pour poser des jalons décisifs en direction des trois pays pour renouer un dialogue franc et direct et des engagements fermes pour une révision du

Traité constitutif de la CEDEAO et de ses divers instruments communautaires pour tenir compte des réalités actuelles. À court terme, pour les trois pays ayant manifesté leur volonté de retrait, l'envoi d'une mission de haut niveau permettra d'aplanir les différends, proposer une assistance en termes de lutte contre le terrorisme et parvenir à une solution négociée pour le retour à l'ordre démocratique. À moyen et long terme, la CEDEAO elle-même doit connaître de refontes profondes. Sur cet aspect, une mission de réflexion peut être confiée à un groupe d'experts de haut niveau sous la direction d'une troïka de chefs d'État et de gouvernement pour engager les réformes nécessaires. Il s'agira particulièrement de réfléchir sur les mécanismes de sanctions notamment leur incidence sur les populations civiles et leur effet sur le maintien des liens avec les États sous sanction. Des aspects géostratégiques et géopolitiques peuvent faire partir du menu de discussion.

Nous osons espérer que cette crise qui secoue la CEDEAO sera jugulée et que l'institution communautaire en tirera toutes les conséquences pour opérer une mue en faveur d'une véritable intégration économique et politique de la sous-région ouest-africaine.

Conakry, le 29 janvier 2024
-Juris Guineensis No 58.

-59-

De la démocratie au Sénégal : fragilité et résilience d'un système qui s'autorégule

3 février 2024. Décret du Président Macky SALL annulant la convocation du corps électoral aux élections présidentielles du 25 février 2024 au Sénégal. Un véritable séisme dans cette oasis de démocratie en Afrique de l'Ouest. Consternation des uns et des autres dans la sphère démocratique avec des craintes raisonnables de la fin d'un des rares modèles de réussite du système démocratique en Afrique francophone. Cependant, la peur fut de courte durée, plusieurs facteurs internes combinés ont joué le rôle de « check and balances » pour garder l'intégrité du système démocratique sénégalais : l'opinion publique, les acteurs socio-politiques, les autorités morales et surtout et non des moindres les décisions du gardien de la constitution, le Conseil constitutionnel sénégalais. Après un rappel du contexte sociopolitique qui prévalait, nous tirerons quelques leçons sur les facteurs qui ont contribué à éviter le recul et qui participent à consolider le processus démocratique du Sénégal.

Le contexte socio politique entourant la crise de la démocratie au Sénégal

Ces derniers temps, comme dans plusieurs pays d'Afrique de l'Ouest, la question d'un troisième mandat s'est également invitée au Sénégal, avec en jeu, des interprétations des dispositions constitutionnelles par divers acteurs prônant le pour ou le contre d'une telle possibilité. Une majorité des populations sénégalaises était défavorable à l'option d'un troisième mandat pour le Président Macky SALL. Cette opposition s'est traduite par des manifestations pacifiques organisées par les acteurs socio-politiques. On enregistre concomitamment des arrestations, la restriction des réseaux sociaux et autres. Face à la résistance populaire, le président a annoncé son intention de quitter ses fonctions à la fin de son mandat, une annonce presqu'unanimement saluée. Cependant, le décret annulant la convocation du corps électoral et les péripéties ultérieures sont venues brouiller les cartes. L'espoir subsiste avec le rôle de régulateur des institutions et du processus électoral que continue de jouer le Conseil constitutionnel et de l'implication citoyenne fortement mobilisée.

Les enseignements à tirer de la récente expérience démocratique sénégalaise

L'histoire est certes loin d'être terminée, mais plusieurs leçons sont à tirer de cette expérience sénégalaise en termes de régulation des crises du système démocratique en place. Nous soulignerons spécifiquement deux principales leçons : la participation citoyenne et le rôle régulateur du Conseil constitutionnel.

L'implication citoyenne dans le combat pour le renforcement de la démocratie au Sénégal est une donnée constante. Avant le présent épisode, dans un passé récent, des manifestations monstres ont été organisées et des tribunes ténues dans les colonnes des médias pour lutter contre le changement constitutionnel sous le régime du Président Wade. La société civile n'a pas été en reste ; le mouvement *Y en a marre* en est une parfaite illustration.

Dans le cas présent, les acteurs socio-politiques ont pris le bâton de pèlerin pour s'opposer aux musèlements des principaux acteurs politiques, au respect du calendrier électoral et aux velléités de « third termism » du Président SALL. Les universitaires ont publié des tribunes collectives tendant au respect strict de la constitution sénégalaise et au jeu démocratique. Il est ainsi loisible de dire qu'un processus démocratique est tributaire de l'implication active de tous les citoyens sous diverses formes pour défendre les valeurs et principes qui le sous-tendent.

Le Conseil constitutionnel sénégalais a joué pleinement le rôle de régulateur des institutions qui était attendu de lui en rendant sa décision du 15 février 2024 déclarant contraire à la constitution le projet de loi reportant les élections au 15 décembre 2024. Pour rappel, le décret du Président SALL précité marquait un temps d'arrêt au processus électoral en cours. Le Conseil constitutionnel lui invitait d'organiser des élections dans les meilleurs délais tout en rappelant l'impossibilité de prolonger le mandat présidentiel. Les regards continuent d'être tournés vers le Conseil constitutionnel pour la suite du processus électoral et surtout pour la gestion de la situation inédite de l'après 02 avril, date d'échéance du mandat présidentiel actuel. Finalement, il est possible de conclure qu'une constitution est foncièrement tributaire de l'institution chargée d'en être la gardienne dont les décisions s'imposent à toutes les institutions de la république.

En définitive, l'expérience que vit le processus démocratique sénégalais présentement démontre à souhait tout à la fois la fragilité, la vitalité et la résilience de tout régime démocratique. Nous osons espérer que l'exemple sénégalais ira en se consolidant et fera des émules dans la sous-région ouest-africaine.

Conakry, le 06 mars 2024

-Juris Guineensis No 59.

-60-

AMORCER LE CHANTIER DE LA RÉCONCILIATION NATIONALE EN GUINÉE : UN DÉFI À RELEVER POUR LE NOUVEAU GOUVERNEMENT

La nomination d'un Premier ministre, ancien ministre en charge de la Réconciliation nationale offre l'opportunité d'installer la question de la réconciliation nationale au cœur des préoccupations nationales, dans l'agenda, tant il est vrai que cet aspect est indispensable à toute œuvre durable en Guinée. Il faut d'emblée souligner que notre pays est aux prises avec un passif humanitaire lourd et en proie à des questions mémorielles prégnantes. Nous relèverons entre autres que le contexte de transition est bien favorable à l'amorce d'une démarche de réconciliation nationale et que des fortes actions en ce sens sont urgentes et nécessaires.

Le contexte favorable

Il faut le rappeler que c'est bien dans un contexte d'un gouvernement de transition qu'un ministère en charge de la réconciliation nationale fut créé et confié à l'actuel chef de gouvernement, M. Amadou Oury BAH. Plusieurs actions furent posées dont la restitution des corps de personnes victimes de meurtres à Cosa à leurs familles pour des sépultures dignes, des corps qui ont longtemps séjourné dans les morgues en dépit des réclamations de leurs familles.

Ce contexte n'est pas sans rappeler celui actuel. Des actions fortes allant dans le sens de la réconciliation nationale, en se fondant sur cette expérience du passé en contexte de transition, est de nature à amorcer non seulement une décrispation socio-politique et à un climat apaisé, mais aussi à solder le lourd passif humanitaire qui continue à troubler notre mémoire collectif. L'expérience du locateur du Palais de la Colombe en ce domaine peut être un atout de taille.

Les actions urgentes

Le chantier de la réconciliation nationale est certes vaste et requiert temps et moyens, mais il est essentiel de poser des actions fortes dans un court terme pour l'inscrire dans l'agenda des priorités nationales. Point n'est besoin de réinventer la roue. Une analyse des rapports, des études et des expériences antérieures (les normes de restitution de 1985, les actions du gouvernement de transition sous le PM KOUYATE, le rapport de la Commission provisoire de réflexion sur la réconciliation nationale, le rapport des Assises nationales, les initiatives diverses des ONGs, ...) permettra d'identifier quelques actions prioritaires en ce sens. Il peut s'agir entres autres de continuer l'adressage mémoriel équitable (dates historiques et personnalités), la restitution ou la compensation des biens spoliés, l'adoption d'une loi mémorielle... Après l'amorce de ces actions urgentes, il faudra entamer la mise en place d'un Comité Vérité Justice Réconciliation Nationale pour d'autres actes plus significatifs et approfondis. Une telle œuvre doit aller de pair avec l'amélioration de la protection des droits de l'homme en Guinée.

Pour terminer, ce 2 avril 2024, secoué dans ses fondements, il y a quelques semaines à peine, le Sénégal a offert au monde la beauté d'une ambiance festive de transmission démocratique de pouvoir ; cette atmosphère a réjoui plus d'un Guinéen. Cet exploit sénégalais est le fruit d'inlassables actes de construction nationale entamée depuis l'indépendance, en dépit des soubresauts qui l'ont traversé (Affaire Mamadou Dia, Évènements de 1968 et autres). Il n'est pas pourtant pas impossible de réaliser un tel « miracle » en Guinée à la seule condition d'aboutir à une véritable réconciliation nationale et à un consensus sur nos institutions, gage du développement du pays. En somme, il est loisible de dire que l'un des défis auquel le nouveau gouvernement est attendu figure le vaste chantier de la réconciliation nationale dont l'amorce, au-delà des actions symboliques habituelles, peut ancrer la transition dans le sens du vivre en commun, tant voulu par le peuple de Guinée dans son ensemble.

Conakry, le 04 avril 2024

-Juris Guineensis No 60.

-61-

DU CONCEPT DE TRAVAIL DÉCENT ET DU RESPECT DES DROITS DES TRAVAILLEUSES ET DES TRAVAILLEURS EN GUINÉE

Le 1er mai 2024, l'humanité célèbrera la Fête internationale des travailleuses et des travailleurs ou communément appelée la fête du Travail. Il en a ainsi depuis 1889 pour souligner les luttes historiques et les progrès réalisés en termes de respect des conditions de travail, des droits au travail et de la liberté syndicale, entre autres, en signe de commémoration de la grève des travailleurs de Chicago durement réprimée en 1886. En Guinée, à l'instar d'autres pays, la fête mobilise l'ensemble des populations laborieuses des secteurs public, parapublic, privé, mixte et informel pour non seulement de réjouissances festives, mais surtout pour présenter des demandes pour de meilleures conditions de travail. De plus en plus, ces meilleures conditions de travail se trouvent résumées par le concept de travail décent propulsé par l'Organisation internationale du travail (OIT) et d'autres institutions. Dans cette présente tribune, nous relèverons, en premier lieu, la signification du concept de travail décent avant d'envisager des actions idoines à mener pour la mise en œuvre du concept de travail décent en Guinée

L'appréhension du concept de travail décent

Le concept de travail décent vise entre autres la garantie pour toute travailleuse et tout travailleur des droits à la liberté syndicale, le droit à des négociations collectives et une juste rémunération pour faire face aux besoins fondamentaux de la vie, selon l'Organisation internationale du travail (OIT). Il est tributaire des travaux du Pr Amartya Sen sur l'indice du développement humain, notamment « Travail et droits » où il indique que les indices des mesures de développement doivent aller au-delà de l'indice du produit national brut et tenir compte des facteurs comme l'accès à l'éducation, à un travail de qualité, la garantie d'accès à des soins et la qualité de l'environnement. Le climat est devenu un indice à tenir en compte, de nos jours. Ainsi, c'est dans ce cadre, sans doute que la récente Journée mondiale de la sécurité et de santé au travail célébrée le 28 avril 2024 a coïncidé avec le lancement du rapport de l'OIT « Assurer la sécurité et la santé au travail dans un climat en évolution ». Comme nous l'avions indiqué dans l'un de nos précédents travaux, le concept de « travail décent est à la fois une valeur substantive (un travail perçu comme procurant de bonnes conditions de travail au travailleur), mais aussi une valeur procédurale (ensemble des procédés permettant au travailleur de réclamer un environnement de travail satisfaisant) ».

Les actions à mener pour la mise en œuvre du concept de travail décent en Guinée

Il existe indéniablement un lien entre le respect des standards de travail décent et la protection des droits humains. Dans un tel schéma, avec les grands investissements dans le secteur des mines et des infrastructures connexes comme le Projet Simandou et autres, il y a lieu d'adopter et d'appliquer les standards d'un travail décent tel que défini ci-dessus. Il faut entre autres que le travail s'exerce dans des conditions respectueuses de l'intégrité physique et mentale du travailleur et dans le cadre d'un environnement sain et sécuritaire. Sont ainsi à proscrire l'usage des produits toxiques, le travail comportant des positions et des postures affectant la santé et la sécurité des travailleurs. La prise en compte des changements climatiques dans la fixation des horaires de travail et les conditions d'exercice du travail ainsi que les mesures d'accompagnement pour atténuer leur impact. Il y a lieu de promouvoir un travail rémunéré à juste prix qui tiennent compte du coût de la vie, une telle promotion passe nécessairement par le rehaussement du SMIC en Guinée. Il faut accroitre les inspections au niveau de tous les secteurs de travail afin de sanctionner les abus des conditions de travail qui sont considérés comme des violations des droits humains. Pour donner un sens au contenu local en termes de ressources humaines, il est essentiel d'investir dans la formation des ouvriers qualifiés et agents de maîtrise notamment dans les secteurs des mines et des transports. Il faut surtout accroitre la capacité des organisations syndicales dans la protection du travailleur et du travail de qualité et respecter leur liberté d'exercice sans entrave telle que définies dans les diverses conventions de base de l'OIT.

Pour conclure, dans le contexte des gigantesques chantiers miniers à l'instar de celui de Simandou et avec la récente et l'importante règlementation sur le contenu local, il est indispensable d'agir sur l'émergence des emplois de qualité qui respecte toutes les conditions d'un travail décent en faveur de toutes les travailleuses et de tous les travailleurs en République de Guinée.

Bonne fête du Travail à tous les travailleurs de Guinée et d'ailleurs. Bon 1er mai 2024.

Conakry, le 1er mai 2024
-*Juris Guineensis No 61.*

-62-

Changements climatiques : De l'urgence d'agir pour la sauvegarde de l'environnement en Guinée

Mars, avril et mai 2024, Pic de chaleurs inégalées en Guinée tant à Conakry qu'à l'intérieur du pays. L'heure n'est plus à l'alerte, mais plutôt à l'action concrète pour la sauvegarde de l'environnement en Guinée dans ce contexte de changements climatiques. Dans cette présente tribune, nous ferons, en premier lieu, l'alarmant constat, puis les potentialités existantes, en second lieu, avant d'envisager des actions urgentes pour reverdir la Guinée, en troisième et dernier lieu.

L'alarmant constat de la dégradation de l'environnement

En termes de chaleur observée mars et avril dernier, on ne sent plus la différence entre Conakry, d'ordinaire plus chaud, que l'intérieur du pays. Les températures ressenties à Mamou, Boké, Dinguiraye, Kankan, Siguiri, Kissidougou et ailleurs dépassent de loin les températures moyennes saisonnières. L'air est sec. L'environnement est fortement dégradé. On note le recul du couvert végétal et la raréfaction de la pluie. En Guinée comme ailleurs, le constat des changements climatiques n'est plus l'affaire de quelques scientifiques ou des militants et militantes de la société civile vouée à la protection de l'environnement, il est aujourd'hui le fait du citoyen lambda. Tout le monde appelle à une inversion de cette tendance lourde de dégradation de l'environnement à celle de sa restauration. En dépit de cet alarmant constat, des potentialités favorisant des actions nécessaires en la matière existent.

Les potentialités existantes sur lesquelles s'appuyer pour restaurer l'environnement

L'action des quelques ongs impliquée dans les campagnes de reboisement est à signaler. Pour illustration, on peut noter l'une des pionnières en ce domaine, Guinée Écologie, avec la restauration de la mangrove en zones côtières. Il faut noter aussi, dans ce même ordre, une belle initiative invitant toute personne à planter un arbre à l'occasion des anniversaires, initiative qui a permis de reforester une partie de la forêt urbaine de Kakimbo et ailleurs. Cette initiative novatrice est portée par l'ONG Agir contre le réchauffement climatique (ACOREC). S'y ajoutent les initiatives comme « Donkin Leggal » ou « Tabaski Reboisement », action liant les fêtes de Tabaski au village par le reboisement des collectives, actions portées par les ressortissants de ces derniers. Il y a également, de telles actions de reboisement figurant dans les programmes d'actions lors des vacances scolaires et universitaires par les associations des jeunes étudiants ressortissants et amis de ces communautés locales. En se fondant sur l'existence de ces potentialités, il est urgent de poser la série des actions proposées ci-dessous.

Les actions urgentes pour une Guinée verte

Plusieurs actions urgentes peuvent être menées par divers acteurs tant étatiques que privés pour redonner à la Guinée ce qu'elle fût jadis, une « Guinée verte ». Il s'agira de protéger et assurer la restauration des forêts urbaines ainsi que les milieux humides. Il y a également lieu de protéger les zones agricoles en le soustrayant de toute opération d'urbanisation au moyen d'un zonage restrictif. L'Etat pourra aussi déclarer de vastes zones primaires du territoire national zones de réserves protégées de toute action anthropomorphique ; surveiller les opérations de restauration de l'environnement après opération, en particulier dans les zones minières et appliquer avec détermination l'ensemble des lois portant protection de l'environnement en poursuivant et en punissant les auteurs d'infractions y relatives. Une autre action consistera à inclure dans tout projet et programme bénéficiant du concours financier de l'État ou par le biais du financement de ses partenaires un pourcentage alloué aux activités de reboisement et de protection de la nature et rendre obligatoire l'entretien d'une forêt collective à chaque collectivité locale. L'une des actions durables et grandes échelles sera de réhabiliter et rendre effective la Loi Fria et étendre son champ d'application consistant à lier l'opération de planter un arbre à l'occasion des actes et faits d'Etat-civil. Il faudra aussi inclure les programmes de reboisement dans les activités des forces armées et les corps de conservateurs de la nature, en particulier, ainsi que d'autres forces de défense et de sécurité en général. L'éducation à l'environnement devra figurer dans les curricula d'enseignement dans tous les cycles d'enseignement en Guinée.

Pour conclure, face à l'alarmant constat que dessus et l'urgente nécessité d'agir, il est essentiel pour chaque personne et pour tout le monde, tant individuellement que collectivement, sous la conduite de l'État, de poser le geste vert pour notre environnement en faveur de toutes les couches de la population en République de Guinée.

Conakry, le 15 mai 2024

-Juris Guineensis No 62.

-63-

Problématique d'assainissement : Pourquoi et comment passer d'actions symboliques à l'industrie des déchets en Guinée

Dernier samedi du mois, journée d'assainissement en Guinée. Face à l'épineuse problématique de l'assainissement en Guinée, en sus d'autres actions, l'idée de consacrer une demi-journée par mois à la salubrité publique fait figure de solution trouvée par les autorités pour mobiliser tous les citoyens pour résoudre ce défi. C'est certes louable, mais comme toute activité humaine, la gestion de l'assainissement doit être permanente et rigoureuse. Nous pensons qu'il est nécessaire de passer de ces formes d'actions symboliques vers une industrialisation des déchets en Guinée. Nous verrons successivement le constat de la permanence de l'insolubilité de la question de l'assainissement, la nécessité d'abandonner l'assainissement symbolique jusque-là pratiqué et l'importance d'amorcer une solution pérenne fondée sur l'industrie des déchets pour une gestion efficace et durable de l'assainissement en Guinée.

Le constat de la permanence de l'insolubilité de la question de l'assainissement en Guinée

L'assainissement consiste en un ensemble de moyens mis en œuvre pour assurer la collecte, le transport, le traitement des déchets produits et leur valorisation dans une optique d'offrir à la fois un environnement sain à l'être humain et dans le respect de la nature. Comme la vie de tous les jours, la gestion de l'assainissement se doit d'être une activité régulière, constante et permanente. Cependant, le constat amer est que notre environnement est pollué par toutes sortes de déchets dont la gestion laisse à désirer. Il est courant de voir l'accumulation des déchets à ciel ouvert, le long des rues, au niveau des carrefours, au sein des marchés et ailleurs.

Pourquoi est-il important d'abandonner l'assainissement symbolique pour des solutions durables en Guinée ?

Il faut noter que face à cette épineuse question, qui revient d'année en année, de manière récurrente et critique, notamment à la veille de la grande saison de pluies, plusieurs approches ont été utilisées : transfert de compétences vers les communautés locales, organisation des coopératives de collectes, monopole de collecte et de transfert des déchets à un établissement public dédié, organisation des journées citoyennes d'assainissement, etc. Ces actions, certes salutaires, ne se sont pas révélées durables ; elles se sont inscrites plutôt dans le registre du symbolisme. La question de la gestion des déchets reste prégnante et est encore non résolue. Ces actions citoyennes dans le cadre du dernier samedi du mois peuvent être maintenus pour d'autres fins comme des actions communautaires de nature locale : écoles, cimetières, forêts urbaines et autres. Elles peuvent se dérouler sous forme de Demi-Journée de développement communautaire. Cependant, pour la gestion des déchets, il est plus qu'utile d'agir autrement. N'est-il pas alors temps d'abandonner cette approche symbolique au profit de solutions plus durables de gestion des déchets en Guinée ? La réponse est affirmative pour plusieurs raisons que dessous. La gestion des déchets, comme tout secteur productif de la nation, relève d'une industrie et doit être appréhendée comme telle. Elle est d'abord de nature économique avec toute la chaine de valeurs qui le caractérise. De la collecte à la transformation, en passant par les opérations de tri, de transfert, de valorisation et de réutilisation, le secteur est porteur de création de richesses et d'emploi. Le secteur est également porteur de protection de l'environnement notamment avec la gestion des produits issus du plastique et de protection de la santé publique avec la gestion sécuritaire des déchets médicaux et autres. La transformation des déchets est bénéfique pour l'agriculture avec la production d'engrais vert. Le secteur peut également fournir une source d'énergies propres.

Comment amorcer l'industrialisation des déchets pour une gestion efficace et durable de l'assainissement en Guinée ?

Pour que la Guinée tire des dividendes de ses déchets, il est utile de penser à organiser une filière industrielle des déchets avec des moyens matériels, humains et financiers en mettant en concurrence des acteurs du domaine. Il faut professionnaliser la filière de gestion des déchets par la formation, le regroupement des acteurs en réseau et autres. Il peut s'agir aussi de la consignation des produits à usages multiples comme les bouteilles en verre, en plastique et autres et faire participer les citoyens et le secteur du commerce à l'opération comme cela se fait ailleurs. Il pourra aussi s'agir de l'éducation au tri à la source avec la séparation nette des produits plastiques, du bois, du papier et autres déchets solides d'une part et des déchets pouvant faire objet de compost d'autre part. On peut aussi agir dans l'interdiction de l'importation de produits de seconde main au risque d'être un dépotoir à ciel ouvert.

Il est temps et grand temps, pour la Guinée, de s'inscrire dans une politique durable en matière d'assainissement en abandonnant les stratégies à court terme au profit d'une industrialisation de ses déchets afin de rendre effectif le droit de vivre dans un environnement sain pour toutes et tous.

Conakry, le 30 mai 2024

-Juris Guineensis No 63

-64-

PARTICIPATION DE L'ENFANT À LA VIE PUBLIQUE : ET SI ON ABAISSAIT L'ÂGE DU DROIT DE VOTE À 16 ANS EN GUINÉE !

Mois de juin, mois de l'enfant, mois des droits de l'enfant, plus exactement. À partir de 13 ans, commence à courir la responsabilité pénale de l'enfant en Guinée. Ce même enfant devra attendre ses 18 ans pour exercer son droit de vote. Paradoxe. La Guinée, l'Afrique en général, est peuplée d'une majorité de jeunes. Les décisions les plus importantes sont prises par un groupe restreint de personnes d'âge avancé. Autre paradoxe. Tout en continuant à cultiver les valeurs positives de respect dû aux aînés, n'est-il pas temps d'inclure dans les instances de prise de décision cette frange nombreuse de la population que sont les plus jeunes et qui représente l'avenir ? D'autant plus que la société traditionnelle africaine n'était pas une société excluant les plus jeunes en son sein, mais elle est une société qui intègre chacun selon ses capacités, notamment avec le système de classes d'âge. La captation du dividende démographique dépend, pour une large part, de l'inclusion des jeunes au sein des instances publiques de décision. La doctrine est unanime sur le fait que l'innovation majeure de la Convention relative aux droits de l'enfant, l'une des plus ratifiées au monde, est l'article 12 relatif à la participation de l'enfant dans les affaires le concernant. L'une des manières d'impliquer l'enfant dans les affaires de la cité est justement de lui reconnaitre la possibilité de se prononcer lors des consultations électorales sur le choix des institutions et les personnes qui les animent. Dans cette présente tribune, nous verrons successivement l'intérêt et le moyen d'accroitre la participation de l'enfant dans les affaires de son pays, en l'occurrence, la Guinée.

L'intérêt d'accroitre la participation de l'enfant dans les affaires publiques en Guinée

D'emblée, il y a lieu de préciser, ici, que le terme enfant est défini au sens de l'article premier de la Convention relative aux droits de l'enfant, disposition aux termes de laquelle est considéré comme enfant, toute personne de moins de 18 ans : « Aux termes de la présente Convention, un enfant s'entend de tout être humain âgé de moins de dix-huit ans, sauf si la majorité est atteinte plus tôt en vertu de la législation qui lui est applicable. » L'article 12.1 de la même convention précitée stipule que : « 1. Les États parties garantissent à l'enfant qui est capable de discernement le droit d'exprimer librement son opinion sur toute question l'intéressant, les opinions de l'enfant étant dûment prises en considération eu égard à son âge et à son degré de maturité ». Sur la même lancée, l'article 25 du Pacte international relatif aux droits civils et politiques indique aussi que : « Tout citoyen a le droit et la possibilité, sans aucune des discriminations visées à l'article 2 et sans restrictions déraisonnables : a) De prendre part à la direction des affaires publiques, soit directement, soit par l'intermédiaire de représentants librement choisis ; b) De voter et d'être élu, au cours d'élections périodiques, honnêtes, au suffrage universel et égal et au scrutin secret, assurant l'expression libre de la volonté des électeurs ; (…)». Ces textes conventionnels qui garantissent aux jeunes leur participation à la vie publique trouvent leur écho dans les textes internes guinéens tant dans la Charte de la transition que dans le Code de l'enfant et autres instruments subséquents. Il ne s'agit point, ici, d'une générosité quémandée aux adultes, mais de l'exercice d'un droit de l'homme appartenant à l'individu qu'est l'enfant et garantit par les autorités publiques. Il est toujours clamé que l'enfant représente l'avenir, mais force est de reconnaître qu'il est d'abord le présent. Un enfant formé aux rudiments de la vie publique et outillé dans l'exercice du droit de vote est un adepte du jeu démocratique en devenir, un citoyen acteur.

L'abaissement de l'âge du droit de vote à 16 ans comme moyen d'accroître la participation de l'enfant dans la gestion des affaires de la cité

La jeunesse de la population guinéenne incite et invite à tenir compte de son avis dans la gestion de la vie publique. Face à la désaffection de la participation de la population lors des consultations électorales, beaucoup de pays ont commencé à abaisser l'âge de la majorité électorale. Il s'agit notamment de l'Autriche (depuis 2007 à tous les niveaux), en Allemagne (au niveau local, dans certains Landers), Malte (2022), Belgique (2024), Grèce (17 ans depuis 2016), élections européennes (2024) et nous passons. La Guinée, pays à population en majorité constitué de jeunes, se doit de s'orienter en ce sens. Il s'agira de réviser les textes nationaux en l'occurrence le Code électoral en vue de permettre à toute personne ayant atteint l'âge de 16 ans de pouvoir exercer son droit de vote. L'État, à travers les écoles et les médias, peut mobiliser ressources et moyens en vue de former les jeunes dans cet important exercice démocratique. Les partis politiques et les organisations de la société civile peuvent également jouer un rôle essentiel dans l'éducation civique et politique de leurs militants. Les organisations de la société civile auront également pour tâche de sensibiliser les jeunes pour leur participation active aux marches de la société. Pour un départ, à défaut d'un droit de vote à tous les niveaux, on pourrait commencer à accorder le vote des jeunes de 16 ans aux scrutins locaux. Le débat est lancé !

Il est temps, pour la Guinée, dans le but de capter le dividende démographique, d'abaisser l'âge de majorité électorale à 16 ans, en vue de traduire en réalité des prescriptions de l'article 12 de la Convention relative aux droits de l'enfant, qui fait de l'enfant capable de discernement, un sujet de droit et non un objet de droits, un acteur de la réalisation de ses droits et non un simple spectateur, ce, pour le bien de toute la communauté guinéenne.

Bon mois de juin, mois de la promotion et de la protection des droits de l'enfant ! Bonne fête aux enfants et à celles et ceux qui militent en faveur de leurs droits !

Conakry, le 10 juin 2024
-Juris Guineensis No 64.

-65-

De la Captation et du bon usage de la Manne financière du Projet Simandou en faveur des Générations présentes et futures en Guinée

Courant 2024, finalisation de presque tous les montages financiers, des autres structurations et levée d'obstacles du méga Projet Simandou concernant l'exploitation des riches mines de fer des contreforts du Simandou, du Nimba et autres monts connexes, après de décennies de sommeil et de léthargies. Ces richesses et ressources naturelles appartiennent à toute la population guinéenne, celle présente comme celle future. Ces mêmes ressources et richesses ne sont pas non plus inépuisables, par nature. Il importe donc de bien gérer les fruits issus de ce gigantesque projet de manière durable afin qu'ils profitent à toute la population, toutes générations confondues, en respect au principe d'équité générationnelle. Ainsi, dans la présente tribune, nous verrons successivement une série d'initiatives permettant d'atteindre cette exigence de justice sociale et d'équité intergénérationnelle en faveur de toutes les filles et de tous les fils de la Guinée quant à la jouissance des richesses et ressources naturelles dont regorge le pays, particulièrement, dans le cadre du Projet Simandou.

Investissement dans les infrastructures routières, ferroviaires, maritimes et de télécommunications

À l'Etat, les infrastructures, au citoyen, la liberté d'entreprendre. Cette assertion a pour fin de démontrer que les gros ouvrages doivent être effectués par l'Etat pour permettre au citoyen d'agir librement pour la création de la richesse. Un des acquis du Projet Simandou concerne le legs du chemin de fer qui traverse le pays et des infrastructures portuaires qui en résultent. Il faut continuer à investir dans le domaine des infrastructures à l'échelle de l'ensemble du pays pour impulser son développement. Une attention particulière doit être accordée à la réhabilitation du chemin de fer Conakry-Kankan (ancienne ligne de fer coloniale Conakry-Niger). Un investissement notable dans les infrastructures de télécommunications et des réseaux de fibres optiques pour le développement des nouvelles technologies de l'information et de la communication est également nécessaire.

Renforcement du capital humain guinéen

La richesse d'un pays réside plus en ses ressources humaines qu'en celles géologiques et autres. La Guinée se doit de profiter de cette manne financière pour investir un pourcentage conséquent de son budget dans l'éducation de sa population. Il est temps de renforcer la formation pratique vocationnelle avec des lycées techniques, des instituts professionnels et des écoles polytechniques de qualité. Les curricula de formation doivent correspondre au besoin de développement du pays. Une alphabétisation fonctionnelle dans les langues nationales sera également de mise. S'y ajoutent des programmes de santé publique et de la protection sociale dans tout le pays afin de réduire les disparités qui existent dans la carte sanitaire entre zones rurales et urbaines.

Investissement au niveau des ressources énergétiques et des ressources en eau

Il n'est pas indispensable d'insister sur l'importance du courant et de l'eau dans le développement de tout pays. Il est tout aussi important de souligner le retard criard de la Guinée dans ce domaine en dépit des immenses potentialités en énergies et en eau qui lui ont valu de qualificatif de « Château d'eau de l'Afrique de l'ouest ». Ici, également, il est nécessaire de lancer d'immenses projets hydroélectriques et surtout d'investir dans les énergies renouvelables comme le solaire, le biogaz et l'éolien.

Édification d'une nouvelle Capitale politique

La bauxite et le fer brésilien ont donné Brasilia, le pétrole nigérian a fait naître Abuja, ... Les exemples sont lésion en ce qui concerne les pays miniers qui ont érigé de nouvelles capitales avec les moyens financiers issus de leurs ressources minières pour désengorger les anciennes capitales qui sont demeurées des capitales économiques. Il ne saurait en être autrement dans le cas guinéen. Il est plus que salutaire de mettre en place un comité stratégique en vue de mener des études rigoureuses pour l'érection d'une nouvelle capitale politique à l'intérieur du pays comme maintes fois soulignées par plusieurs autres plumes. Conakry, avec sa façade maritime, avec un ajout d'une zone franche industrielle, continuera à jouer le rôle de capitale économique du pays.

Lancement d'un Fonds souverain pour l'équité intergénérationnelle

Dans une de nos précédentes tribunes, bien avant le développement fulgurant qu'a connu le Projet Simandou, nous avions fait une proposition en ce sens. Pour plus de détails, nous renvoyons à sa lecture dont les idées demeurent d'une brûlante actualité. Elle s'intitule : « L'Or de Kounsitel, la Bauxite de Boké et le Diamant de Banankoro. Pour l'équité intergénérationnelle, la création d'un Fonds souverain en Guinée », tribune en date du 1er juillet 2021. Nous y ajouterons à présent « et le Fer de Simandou ». Nous y avions indiqué l'objectif d'un tel Fonds en ces termes : « Le but principal qui pourrait être assigné à un tel fonds est la captation, la gestion et le réinvestissement des ressources financières issues de l'exploitation des richesses naturelles de la Guinée et ce, pour l'équité intergénérationnelle, la diversification de l'économie, la création de l'emploi et la protection de l'environnement ». Ainsi, à l'instar d'autres pays miniers comme la Norvège, le Koweït, l'Angola et autres, nous pourrons avoir notre Fonds Nimba ou sous autres appellations, en vue d'amorcer une gestion durable de nos fonds issus de nos mines de bauxite, de fer et autres.

Le développement de l'agriculture comme secteur de reconversion de l'après-bauxite et fer et en termes de diversification de l'économie nationale

La Guinée doit miser sur son secteur agricole non seulement pour l'étendue et la richesse de son sol arable, mais surtout pour son potentiel de durabilité. Les plaines et les riches coteaux sont propices à tout type d'agriculture tant vivrière et que de rentes. La diversité de climat dans les différentes régions du pays permet aussi une diversité de culture et la possibilité de produire divers produits agricoles de saison et de contre-saison toute l'année. Les affluents et les divers bassins versants des fleuves et cours d'eau sont de nature à fournir la ressource en eau nécessaire au développement de ce secteur primaire qui emploie une majorité de la population. La Guinée pourra reprendre sa place parmi les grands producteurs de la pomme de terre, de la mangue, du riz, du coton, de l'ananas, du fonio, de l'igname, du café, de la banane, de l'anacarde et autres. Nous y ajouterons l'élevage et les ressources halieutiques.

Pour conclure, nous voudrions souligner que la bonne gestion de la manne financière issue de l'exploitation des mines de fer du Projet Simandou en faveur des populations guinéennes présentes et futures ne constitue pas une charité, mais la réalisation d'un droit du peuple à la libre disposition de ses richesses et ressources naturelles éloquemment souligné à l'article 21.1 de la *Charte africaine des droits de l'homme et des peuples* en ces termes : « Les peuples ont la libre disposition de leurs richesses et de leurs ressources naturelles. Ce droit s'exerce dans l'intérêt exclusif des populations. En aucun cas, un peuple ne peut en être privé ». Nous formulons le vœu que, dans le cadre de l'exploitation du Projet Simandou, les autorités nationales aient toujours en vue la réalisation de ce droit inaliénable du peuple à la libre disposition de ses richesses et ressources naturelles, tant dans sa jouissance que dans sa gestion dans une perspective de développement durable et équitable en faveur de toutes et de tous.

Conakry, le 27 juin 2024
-*Juris Guineensis No 65.*

-66-

De l'importance de la protection des données à caractère personnel en Guinée

En ce début juillet 2024, la convocation d'une plénière du Conseil National de la Transition (CNT) en vue de se pencher sur les données à caractère personnel nous fournit l'occasion d'évoquer cet important secteur de la vie nationale qui mérite une attention particulière. En effet, à l'ère numérique, les enjeux et défis entourant ces données sont énormes : vol d'identité, spéculation, finances, droits de l'homme, etc. Ces données sont également très convoitées par divers acteurs pour des raisons variées, certaines louables, d'autres, non. La gestion correcte de ces données est non seulement une question de droits de l'homme, mais aussi et surtout une question de sécurité. Ainsi, dans la présente tribune, nous verrons successivement la compréhension du concept même des données à caractère personnel, les enjeux qui les entourent, l'interaction entre elles et la protection des droits de l'homme et leur encadrement normatif et institutionnel en vue de leur protection idoine.

Le concept des données à caractère personnel

Par définition, les données à caractère personnel sont : « des informations se rapportant à une personne physique identifiées ou identifiable, directement (nom, prénoms et autres), ou indirectement (numéro de téléphone, adresse civique ou autres) ». Les données à caractère personnel comprennent ainsi un large spectre de renseignement sur l'individu : nom, image, photo, empreinte, diverses adresses (postale, mail, maison et autres), divers numéros (téléphone, carte d'identité, passeport, sécurité sociale, matricule et autres), voix, autres identifiants personnels, … Le caractère public ou confidentiel de ces informations importe peu en l'espèce. Il est possible de constater que ces données sont relatives à l'individu et touchent tous les aspects de son identité.

Les enjeux entourant les données à caractère personnel

Les enjeux qui entourent les données à caractère personnel sont énormes ; ils sont à la fois d'ordre financier, de sécurité et de droits de l'homme. Il est aujourd'hui de notoriété publique que nos données à caractère personnel constituent une manne financière très puissante qui peut faire objet de vente, d'échange, de prospection commerciale et de spéculation aux mains des grands groupes de marketing, de commerce en ligne, du secteur de la publicité, de la téléphonie, de l'administration, des banques et autres. Sans une protection adéquate, des intrusions dans la vie de l'individu par ces puissants groupes à la recherche du profit seraient monnaie courante et préjudiciables à sa quiétude. Pour l'aspect sécuritaire, nul besoin de souligner le fléau que représente la cybercriminalité de nos jours. Les données à caractère personnel sont les cibles des acteurs de la cybercriminalité. À titre d'illustration, le vol d'identité bancaire est à la base des fraudes massives qui touchent des millions de personnes. L'arrivée de l'intelligence artificielle avec ses immenses possibilités contribue à rendre encore plus complexe l'appréhension des données à caractère personnel. À ces enjeux, s'ajoutent ceux des droits humains que posent les données à caractère personnel.

Les interactions données à caractère personnel et protection des Droits de l'homme

Les données à caractère personnel, comme leur nom l'indique si bien, sont des éléments qui concernent l'identité même de la personne ; ces données touchent ainsi à la personnalité de l'individu. En effet, l'un des droits essentiels de l'individu est le respect de sa personnalité juridique et à la préservation de son identité. Les articles 16 et 17 du Pacte international relatif aux droits civils et politiques de 1966, pacte auquel la Guinée est partie stipulent respectivement que : « Chacun a droit à la reconnaissance en tous lieux de sa personnalité juridique » et « Nul ne sera l'objet d'immixtions arbitraires ou illégales dans sa vie privée, sa famille, son domicile ou sa correspondance, ni d'atteintes illégales à son honneur et à sa réputation. Toute personne a droit à la protection de la loi contre de telles immixtions ou de telles atteintes ». La Charte de la transition de la Guinée du 27 septembre 2021 confirme cette protection en son article 10 : « La personne humaine est sacrée. Toute personne a droit au respect de son intégrité physique et morale, de son **identité** et à la protection de son intimité et de sa vie privée. Tout citoyen a droit au libre développement de sa personne, dans le respect du droit d'autrui, des bonnes mœurs et de l'ordre public. » Comme les données à caractère personnel recueillies font corps avec l'identité de la personne, les protéger et sanctions les abus les concernant participent de la protection des droits de l'homme. C'est ainsi un droit pour l'individu et une responsabilité à la charge de l'Etat suivant le schéma bien connu en théorie des droits de l'homme entre droit subjectif (créance appartenant à l'individu) et responsabilité de respecter (débit à la charge de l'Etat).

L'encadrement normatif et institutionnel des données à caractère personnel en vue de leur protection efficiente en Guinée

Il faut mentionner le retard accusé par la Guinée dans le domaine de la gestion des données à caractère personnel. Ce projet présenté à l'organe législatif de transition vient combler une telle lacune. La Guinée emboite le pas à d'autres pays ayant une longue tradition de protection des données à caractère personnel. Il en est ainsi de la France avec la Loi relative à l'informatique, aux fichiers et aux libertés avec l'institution de la Commission nationale de l'informatique et des libertés (CNIL) en 1978, le Sénégal depuis 2008, le Canada en 1977 et d'autres. Au point de l'aspect normatif, il faudrait renforcer la protection des données à caractère personnel en affirmant son lien étroit avec le droit fondamental de l'individu à la protection de son identité. La législation en la matière doit poser les principes d'information, d'autorisation préalable, du consentement éclairé, de la transparence, de la confidentialité et de la sûreté dans la collecte et le traitement des données à caractère personnel. Elle doit réglementer la conservation sécuritaire des données à caractère personnel. Les conditions au transfert des données à caractère personnel à des tiers doivent être également définies et encadrées. Il doit être reconnu à toute personne de consulter, rectifier ou s'opposer à l'usage de ces données à caractère personnel ainsi que de leur suppression éventuelle. Il en sera de même de l'obligation pour le détenteur des données à caractère personnel d'offrir à toute personne la possibilité de revenir sur son consentement par des moyens adéquats. Elle doit assortir la violation de ces obligations à des peines sévères pour renforcer les dispositions pertinentes du Code pénal et d'autres lois et règlements portant sur la matière. En l'occurrence, l'article 50 du Code pénal guinéen réprime tout traitement frauduleux des données à caractère personnel avec des peines d'emprisonnement de 2 à 3 ans, peines assorties d'amendes. D'autres dispositions plus spéciales figurent dans la Loi L/2016/037/AN relative à la cybersécurité et à la protection des données à caractère personnel du 28 juillet 2016. Quant à l'aspect institutionnel, la création de cette Autorité Nationale de Protection des Données à Caractère Personnel s'avère essentielle. Sous forme d'une autorité administrative indépendante, elle aura la haute main pour autoriser, encadrer, recevoir les plaintes et autres questions liées aux données à caractère personnel aussi dans le privé que le public. Elle agira à titre d'autorité de contrôle gouvernant le secteur des données à caractère personnel. Elle devra être dotée de moyens humains, matériels et financiers adéquats. Ici, insistons sur l'importance de lui fournir de moyens techniques performants permettant d'assurer convenablement sa mission. En somme, l'encadrement de la collecte, de l'archivage et de l'exploitation des données à caractère personnel en vue de leur protection idoine s'avère une impérieuse nécessité pour les citoyennes et citoyens de la nation guinéenne à l'ère du tout numérique.

Conakry, le 12 juillet 2024
-Juris Guineensis No 66.

-67-

LES DROITS DE L'HOMME EN GUINÉE : QUE PRÉVOIT L'AVANT-PROJET DE LA CONSTITUTION ? (

29 juillet 2024, tenue de la plénière du Conseil National de la Transition (CNT) sur la présentation de l'avant-projet de la Constitution de la République de Guinée. Nous saisissons cette opportunité pour porter notre modeste regard sur cette importante norme destinée à définir les principes fondamentaux de notre État, à reconnaitre et protéger nos droits et à gouverner nos institutions et régir les interactions entre elles, dans la logique froide d'un spécialiste des questions des constitutions de transition et de la théorie des droits humains, recherches entamées dans années 2000 à la Chaire Unesco des droits de la personne et de la démocratie (Université d'Abomey-Calavi) à Cotonou (Bénin) lors de nos études de DEA, avec le mémoire *« Transitions démocratiques et droits de la personne en Afrique de l'Ouest francophone : cas du Bénin, de la Guinée, du Mali et du Togo »*, sous la rigoureuse direction du Pr Théodore HOLO, publié aux Éditions l'Harmattan-Guinée, sous le même titre. Notre lecture de l'Avant-Projet de la Constitution de la République de Guinée portera sur les aspects normatifs et institutionnels encadrant les droits fondamentaux des citoyens du pays, avec un clin d'œil sur l'obligation qu'incombe aux autorités de la transition d'en

assurer la garantie effective dès à présent et tout au long du processus transitoire.

D'emblée, nous voudrions faire deux observations : notre regard porte sur le texte de la présentation de l'avant-projet de constitution de la Guinée, seul texte disponible en ce moment, d'une part et d'autre part, en raison de leur importance, notre lecture ne s'intéresse qu'aux dispositions consacrant les droits fondamentaux tant dans leurs aspects normatifs qu'institutionnels. D'autres tribunes sur le reste du texte suivront. Néanmoins, l'absence d'un texte consolidé et complet en respect des canons de la légistique ne fait pas obstacle à notre acte citoyen de lecture du texte qui est destiné à gouverner nos vies et celles de nos institutions ; on ne commente que ce l'on a sous les yeux comme le dit un adage populaire.

C'est pour cette raison que nous continuons à penser que la mise à disposition d'un texte consolidé de l'avant-projet de notre texte fondamental commun, à ce stade d'élaboration avancé, est de nature à participer à sa vulgarisation avant terme et à donner au citoyen lambda comme au haut fonctionnaire le sentiment de poser sa brique à l'édification de notre Case Commune Guinée. Nous pensons être entendus sur ce point par le législateur de la transition. C'est notre recommandation pour une large et légitime appropriation de notre future constitution.

Ainsi, dans la présente tribune (elle est inhabituellement longue cette fois-ci ; nos excuses à nos fidèles lectrices et lecteurs), nous verrons successivement les principes enchâssés dans le préambule, les droits humains reconnus aux individus, les institutions instaurées pour garantir leur effectivité et l'importance de ne pas faire l'économie du respect des droits humains durant cette importante phase transitoire.

Principes de base des droits humains inscrits dans le préambule et sa place dans le bloc de constitutionnalité

En premier lieu, nous allons nous pencher sur les principes fondateurs sur lesquels s'adosse la reconnaissance des droits humains et sur la place et l'importance du préambule dans l'avant-projet du texte constitutionnel du pays. La majeure partie des points du préambule sont relatifs aux droits humains et à la création d'un environnement favorable à leur épanouissement.

Les points 3, 5 et 6 vont dans le sens de l'établissement d'un ordre constitutionnel fondé sur l'État de droit, la démocratie pluraliste et le respect de ce même ordre constitutionnel par l'opposition du peuple à toutes les formes de gouvernance non démocratique (changements anticonstitutionnels, dictature, injustice et autres). C'est ainsi que le point 3 est celui par lequel le peuple de Guinée proclame « son attachement (...) à la primauté et au respect de l'ordre constitutionnel ». Dans le même ordre d'idée, l'« engagement du peuple à édifier un État de droit et de démocratie pluraliste » constitue le point 5. Pour compléter le tout, le point 6 est relatif au « rejet de toute forme d'accession, de maintien et de transmission inconstitutionnels du pouvoir ainsi que tout régime fondé sur la dictature, l'injustice, le régionalisme ; l'ethnocentrisme et le népotisme ». Au vu de l'expérience récente et au regard de ses incalculables effets néfastes sur le processus démocratique, l'interdiction de toutes les formes de manœuvre devant conduire à un troisième mandat devrait être explicitement mentionné dans le texte constitutionnel. Le « third-termism » a été le tombeau de notre démocratie naissante.

Les points 4, 9 et 10 sont, quant à eux, sont consacrés à l'affirmation des principes et droits fondamentaux de l'être humain. Ainsi, le point 4 est réservé à son « adhésion aux instruments consacrant les libertés et droits fondamentaux de l'être humain ». Le point 9 consacre sa « détermination à promouvoir la bonne gouvernance et à lutter contre la corruption et les crimes économiques et financiers ». À travers le point 10, le peuple de Guinée affirme « sa souveraineté inaliénable sur toutes ressources naturelles et les richesses nationales. » Les instruments consacrant les droits humains visés devraient comprendre la Charte des Nations Unies de 1945, la Déclaration Universelle des Droits de l'Homme de 1948, les Pactes de 1966 et leurs protocoles additionnels (Pacte international relatif aux droits civils et politiques et le Pacte international relatif aux droits économiques, sociaux et culturels) et la Charte africaine des droits de l'homme et des peuples et ses protocoles additionnels. Ne pourrait-on pas faire œuvre authentique ici en invoquant des textes de même nature issus de l'histoire du pays ? Pensons à la Charte de Kurukan Fuga de 1236 ; les travaux du Pr Djibril Tamsir NIANE ont été déterminants pour sa récension. Ses dispositions en font une véritable charte des droits à l'instar des chartes anglaises comme le Magna Carta. Pour illustration, son article 5 est ainsi libellé : « Chacun a droit à la vie et à la préservation de son intégrité physique. (…).» Pensons également aux divers Pactes de Fugumba, Timbo et autres, véritable modèle de démocratie représentative et d'alternance au pouvoir ; les recherches des Pr Alfa Ibrahima SOW, Pr Boubacar BARRY et Pr Ismaël BARRY sur le sujet sont évocateurs. Il y est proclamé le serment du chef d'agir dans l'intérêt du peuple et des mécanismes d'alternance au pouvoir sont posés, notamment. On peut élargir ces textes fondateurs aux pactes de prévention des conflits et de consolidation de la paix en région forestière à l'image du Pacte de Missadou (1694) qui illustre parfaitement la quête du vivre en commun ; les études du Pr Aly Gilbert IFONO et d'autres s'avèreront utiles. Suivant le même élan, on retrouvera sans doute des pactes semblables en Basse-Guinée en interrogeant les travaux du Dr Marie-Ivonne CURTIS et d'autres. L'affirmation de la souveraineté du peuple sur ses ressources naturelles et ses richesses nationales est une excellente avenue pour un pays minier comme la Guinée ; seulement, il faut l'associer aux principes de bonne gestion et à l'obligation de consultation des populations. Il serait utile d'invoquer dans le préambule en des termes les plus solennels la lutte contre les effets des changements climatiques et pour la protection de l'environnement. La démocratie n'ayant de sens que si elle provient du peuple, on pourrait également ajouter dans le préambule le principe de gouvernance locale.

Le dernier élément du préambule souligne l'« intégration du préambule dans le bloc de constitutionnalité ». Effectivement, le préambule fait corps avec le reste du texte constitutionnel. Les principes qu'il énonce sont placés au rang de principes à valeur constitutionnelle et non des simples affirmations solennelles dépourvues de caractère contraignant et s'interprètent comme telles par le gardien constitutionnel. Faisant partie du bloc de constitutionnalité et se situant au sommet de cette pyramide, tout texte inférieur lui est subordonné et doit être conforme à ses prescriptions sous peine de nullité absolue. Plusieurs décisions majeures ont confirmé l'intégration du préambule dans les prescriptions obligatoires de la constitution et la supériorité de cette dernière sur toutes normes infra-constitutionnelles. Pour rappel, le bloc de constitutionnalité est composé par ordre décroissant de la constitution, des traités, de la loi, du règlement et des décisions administratives.

Les droits humains garantis : des points à saluer et des oublis à rétablir

En second lieu, nous allons nous intéresser sur le contenu des droits humains reconnus aux citoyens dans l'avant-projet de la constitution de la Guinée. C'est la « Première partie. De l'État, des principes fondamentaux de la République » dans son « Titre II. Des libertés, des droits et des devoirs » de l'avant-projet de constitution qui traite des droits humains. On y retrouve l'affirmation des principes transversaux, des droits civils et politiques, des droits économiques, sociaux et culturels, les droits de solidarité et des devoirs et des dispositions de sauvegarde.

Au niveau des principes transversaux proclamés, figurent en bonne place les principes de liberté, d'égalité, de dignité et de non-discrimination. Ces principes, en plus d'être eux-mêmes des droits autonomes, ils sont aussi des principes directeurs associés à toutes les catégories de droits humains reconnus.

Les droits civils et politiques reconnus dans l'avant-projet de constitution concernent la parité homme/femme, la sacralité et inviolabilité de l'être humain, l'interdiction de la peine de mort, de la traite des êtres humains et de l'esclavage, la protection de l'intégrité physique et proscription des atteintes à ce droit, le droit à un procès équitable, le droit de cortège et de manifestation pacifique, la liberté d'association, la liberté de circulation et d'établissement sur toute l'étendue du territoire national, la liberté du citoyen d'entrer et de sortir du territoire national, l'interdiction de contraindre un citoyen à un déplacement forcé et à l'exil, le droit d'asile, le droit au respect de la vie prive et familiale, le droit à l'inviolabilité du domicile, le droit de propriété sous réserve d'une expropriation pour cause d'utilité publique et d'une juste et préalable indemnisation, la liberté de presse, d'expression et de communication, le droit d'accès à l'information publique, la garantie du droit de pétition des citoyens inscrits sur une liste électorale, le droit des Guinéens établis à l'étranger de participer à la vie de la nation et le droit à la compréhension de la constitution. On pourrait rajouter l'intégrité mentale à la protection de l'intégrité physique. De même, au niveau du droit de propriété sous réserve d'une expropriation pour cause d'utilité publique et d'une juste et préalable indemnisation, il ne serait pas superflu d'ajouter sous le contrôle du juge. À la liberté de presse, d'expression et de communication, il est plus qu'important d'ajouter la liberté d'opinion qui en est la base. L'insertion de deux droits nous semble importante à saluer : c'est celui de la garantie du droit de pétition aux citoyens et celui du droit des Guinéens établis à l'étranger de participer à la vie de la nation, droits mentionnés ci-haut. Ici, il faudra en tracer les grandes lignes au risque de produire des vœux pieux. Au droit à la compréhension de la constitution, une sorte d'éducation à la vie démocratique, il serait utile d'ajouter l'éducation aux droits de l'homme. Il serait également nécessaire d'ajouter aux droits civils et politiques que dessus le droit à un traitement humain et dans la dignité des personnes privées de liberté, l'interdiction de l'emprisonnement pour régler des obligations de nature contractuelle et le droit de prendre part, sans discrimination, à la direction des affaires publiques et d'accéder de manière égale aux fonctions publiques du pays.

Les droits économiques sociaux et culturels reconnus concernent, quant à eux, le droit à l'éducation, le droit à la santé, le droit à un travail décent, le droit à un logement décent, le droit au mariage, la protection spéciale des enfants, la protection spécifique des handicapés et la protection spécifique des personnes âgées. Il serait intéressant d'ajouter à ces droits économiques, sociaux et culturels listés ci-dessus le droit à un niveau de vie suffisant et le droit de participer à la vie culturelle du pays. Il faudrait également nommément citer le droit à la liberté syndicale et aux négociations collectives ainsi que le droit à la sécurité sociale, s'il le faut, à part, du droit à un travail. Un aspect à saluer est l'adjonction du mot « décent » au droit à un travail et au droit à un logement ; cet élément apporte un aspect qualitatif au concept travail et logement, conformément aux normes de l'OIT. Ici également, on pourrait prévoir des mesures de sauvegarde des droits proclamés de manière identique à l'article 4 du Pacte international relatif aux droits économiques, sociaux et culturels : « Les États parties au présent Pacte reconnaissent que, dans la jouissance des droits assurés par l'État conformément au présent Pacte, l'État ne peut soumettre ces droits qu'aux limitations établies par la loi, dans la seule mesure compatible avec la nature de ces droits et exclusivement en vue de favoriser le bien-être général dans une société démocratique. » On remarquera facilement que les restrictions sont assorties à l'existence d'une base légale, la proportionnalité des mesures restrictives et surtout la protection de l'intérêt général. Toujours en tenant compte de la nature particulière de ces droits et surtout pour en garantir la justiciabilité, on pourrait insérer une disposition semblable à l'article 2 du Pacte précité : « Chacun des États parties au présent Pacte s'engage à agir, tant par son effort propre que par l'assistance et la coopération internationales, notamment sur les plans économique et technique, au maximum de ses ressources disponibles, en vue d'assurer progressivement le plein exercice des droits reconnus dans le présent Pacte par tous les moyens appropriés, y compris en particulier l'adoption de mesures législatives. » Il appartiendra ainsi à l'État de déterminer la mise en œuvre progressive de ces droits dont certains aspects nécessitent la réunion de moyens importants.

Les droits à la solidarité sont évoqués, mais rangés dans le préambule et au sein des droits économiques, sociaux et culturels. Deux d'entre eux seulement y figurent : le droit du peuple à disposer de ses ressources naturelles et de ses richesses nationales et le droit à un environnement sain. Il serait intéressant que leur rédaction finale soit proche aux dispositions détaillées figurant respectivement aux articles 21 et 24 de la Charte africaine des droits de l'homme et des peuples de 1981. Il serait intéressant d'y ajouter les autres droits de solidarité comme le droit du peuple au développement, le droit à la jouissance du patrimoine commun de l'humanité et le droit à la paix et à la sécurité.

Un ensemble de devoirs clos le titre consacré aux droits et libertés. Ces devoirs sont les pendant des droits. Il s'agit notamment du droit de payer l'impôt et du droit de s'acquitter convenablement de ses responsabilités envers la nation. Il est reconnu à l'individu « le devoir de tout citoyen de défendre l'intégrité du territoire national et de s'opposer à toute forme d'accession, de maintien et de transmission inconstitutionnel du pouvoir ». Il faut transformer ce devoir en droit tant vis-à-vis du peuple que de celui de l'individu et de l'écrire en des termes clairs. Au regard de l'histoire du pays, il est essentiel de faire figurer le droit du peuple à la résistance à l'oppression dans notre texte constitutionnel comme ultime recours.

Un dernier point concerne les mesures de sauvegarde des liberté fondamentales en permanence et en temps de crise ; le texte proclame l'« inviolabilité et inaliénabilité des droits et libertés consacrés et impossibilité qu'une situation d'urgence ou d'exception ne puisse justifier la violation des droits humains ». Cet aspect a tout son sens d'autant plus que les périodes de crise sont les moments les plus propices aux violations des droits humains. Il serait intéressant de le libeller à l'image de l'article 4 du Pacte international relatif aux droits civils et politiques de 1966 : « Dans le cas où un danger public exceptionnel menace l'existence de la nation et est proclamé par un acte officiel, les États parties au présent Pacte peuvent prendre, dans la stricte mesure où la situation l'exige, des mesures dérogeant aux obligations prévues dans le présent Pacte, sous réserve que ces mesures ne soient pas incompatibles avec les autres obligations que leur impose le droit international et qu'elles n'entraînent pas une discrimination fondée uniquement sur la race, la couleur, le sexe, la langue, la religion ou l'origine sociale. » On pourrait compléter cette disposition par un second alinéa mentionnant l'impossibilité de dérogation sur ce qui est convenu d'appeler le « noyau dur » des droits humains en l'écrivant en ces termes : « La disposition précédente n'autorise aucune dérogation au droit à la vie, à l'interdiction de la torture et autres peines et traitements cruels et dégradants, à la réduction à l'esclavage et pratiques analogues et au respect du principe de la non rétroactivité de la loi pénale. » Tous les autres droits qui admettent des limitations peuvent être libellés de manière à garantir leur intégrité contre les restrictions arbitraires à l'image de l'article 21 du Pacte précité : « Le droit de réunion pacifique est reconnu. L'exercice de ce droit ne peut faire l'objet que des seules restrictions imposées conformément à la loi et qui sont nécessaires dans une société démocratique, dans l'intérêt de la sécurité nationale, de la sûreté publique, de l'ordre public ou pour protéger la santé ou la moralité publiques, ou les droits et les libertés d'autrui. » On y remarque que la reconnaissance du droit est immédiatement suivie de légalité et de nécessité avec des motifs limitativement énumérés.

Le cadre institutionnel pour la garantir des droits humains : des efforts à faire

En troisième lieu, nous allons examiner les institutions à mettre en place pour garantir le respect des droits fondamentaux des citoyens guinéens. Le Président de la République devrait être logiquement le garant des droits humains des citoyens. Le Premier ministre est aussi le garant de la promotion et de la protection des droits humains. La légifération sur les droits humains relève de la compétence de l'Assemblée nationale. Si les circonstances le permettent, son autorisation préalable devrait être requise suivant les lois sur les mesures d'urgence, pour toutes mesures allant dans ce sens, de même que son accord express pour leur renouvellement. Ce ne sont là que des garanties de respect des droits humains en temps de crise. La Cour constitutionnelle a compétence sur le champ des droits humains. Il serait intéressant d'ouvrir la saisine directe aux particuliers pour les violations des droits humains comme le fait éloquemment le Bénin, avec sa Cour constitutionnelle et son abondante jurisprudence en la matière. La Cour suprême garde la compétence sur la légalité des actes administratifs sous ses différentes variantes et sous certaines réserves. Le Conseil supérieur de la magistrature joue un rôle essentiel dans la protection des droits humains en garantissant l'indépendance des juges. Il serait intéressant que sa composition puisse être revue de manière à inclure même des citoyens justiciables suivant les modalités qui pourraient être définies. Il faudrait rendre obligatoire, à même la constitution, son avis pour tout acte concernant la carrière des magistrats en vue de garantir leur indépendance contre les immixtions et autres représailles de l'exécutif. Il demeure indéniable que le juge ordinaire est le premier garant des droits humains.

Il est prévu une Commission nationale de l'éducation civique et des droits de l'homme. Nous émettons des sérieuses réserves sur l'adjonction « éducation civique » aux droits de l'homme pour cette importante institution nationale. Le risque de dilution des réelles missions de promotion et de protection des droits humains dans des tâches floues d'éducation civique est très grande. Nous plaidons pour le maintien d'une « Commission Nationale Consultative des Droits de l'Homme », dans la tradition d'une Institution Nationale des Droits Humains (INDH) qui est l'organe par lequel l'Etat se donne ressources et moyens pour remplir sa mission de garantir le respect des droits humains. Par le passé, cette institution a eu des difficultés nées de son absence de conformité avec les canons traditionnels d'une institution dont les normes et principes sont définies par les Nations Unies, à travers les Principes de Paris. Ces principes, qui portent le nom de leur lieu d'adoption par les Nations Unies comme de coutume, sont un ensemble de règles permettant à ces institutions de s'acquitter convenablement de leur mission sans interférence de l'État, le plus important d'entre eux est que les membres provenant des organes de l'État ne doivent pas être majoritaires dans sa composition et ne doivent avoir qu'une voix consultative lors de ses travaux.

L'importance de ne pas faire l'économie du respect des droits humains pendant la période transitoire : préparer le terrain pour le respect de l'humain

En quatrième et dernière analyse, nous avions mentionné dans une précédente tribune que le bilan de l'actuel Premier Ministre, Monsieur Amadou Oury BAH, en raison de son combat antérieur pour les droits humains (membre fondateur de l'OGDH) et son expérience ministérielle précédente (ancien ministre en charge de la réconciliation nationale) sera principalement examiné sous deux angles : le respect des droits humains et l'instauration d'une réconciliation nationale effective. La présente tribune porte sur les droits humains et celle sur la réconciliation nationale était intitulée « Amorcer le chantier de la réconciliation nationale en Guinée : un défi à relever pour le nouveau gouvernement » (Tribune *Juris Guineensis No 60,* 04 avril 2024). Nous voulons mentionner ici que ce futur texte fondamental ne vaudra que par son application rigoureuse. Les autorités aux commandes de l'État guinéen, en particulier les autorités gouvernementales, ont l'obligation d'améliorer le bilan en matière du respect des droits de l'individu et du climat sain du vivre-ensemble. S'investir dans le respect des droits humains s'avère inéluctable pour le capital humain nécessaire au développement du pays.

En somme, il n'est point besoin d'insister sur l'intérêt de la norme constitutionnelle qui sera soumis à l'appréciation du peuple dans l'agencement normatif et institutionnel du pays. En effet, l'enchâssement des idéaux, principes et droits dans le préambule de l'avant-projet de la constitution guinéenne préfigure les normes, les institutions et l'interaction entre elles dans le texte. Logiquement, le reste du texte devra scrupuleusement être en accord avec les idéaux et principes qui se trouvent dans le préambule qui est, plus qu'un exposé de motifs, mais l'énoncé de la philosophie qui sous-tend l'ensemble et dont il fait partie intégrante. Les dispositions portant sur les droits humains reconnus fondent l'objectif même d'un État, qui est principalement la protection de la personne humaine.

Cette présente tribune marque également le début de notre pause habituelle en raison des vacances académiques et judiciaires, sous réserve de la survenance d'un évènement d'importance particulière. C'est le lieu et l'occasion, pour nous, de remercier les responsables des médias guinéens et étrangers (journaux de la presse écrite, médias audiovisuels et électroniques et autres supports des réseaux sociaux) pour l'accueil et de saluer les lectrices et lecteurs pour l'intérêt accordé à notre tribune.

Mamou, le 08 août 2024
-Juris Guineensis No 67.

-68-

LECTURE DE L'AVANT-PROJET DE LA CONSTITUTION DE LA GUINÉE : ENTRE DES ASPECTS À SALUER ET DES RÉSERVES À ÉMETTRE ET DES PROPOSITIONS À FAIRE

9 août 2024, publication par le Conseil National de la Transition (CNT) sur le site dédié du texte consolidé et complet de l'avant-projet de la Constitution de la République de Guinée. Dans une première tribune, nous avions abordé l'examen des aspects normatifs et institutionnels reconnaissant les droits de l'homme et encadrant leur exercice en Guinée, sous le titre de « **Les Droits de l'Homme en Guinée : Que prévoit l'Avant-Projet de la Constitution ?** », tribune parue le 08 août 2024. Nous avions observé qu'il s'agissait d'un commentaire sur la présentation du texte et non sur le texte lui-même.

À l'instar d'autres observateurs, nous avions vivement recommandé, à même ladite tribune, au législateur de la transition de procéder à la publication du texte consolidé et complet de l'avant-projet constitutionnel, publication, avions-nous indiqué, qui **« est de nature à participer à sa vulgarisation avant terme et à donner au citoyen lambda comme au haut fonctionnaire le sentiment de poser sa brique à l'édification de notre Case Commune**

Guinée. Nous pensons être entendu sur ce point par le législateur de la transition. C'est notre recommandation pour une large et légitime appropriation de notre future constitution ». Hasard du calendrier, simple coïncidence ou autres facteurs ? Toujours est-il qu'on peut dire que l'appel a été entendu. Nous avons à présent, sous les yeux, l'avant-projet de texte constitutionnel de la Guinée. Nous poursuivons cette fois, sur une lecture des autres parties de l'avant-projet de la constitution en ayant pour base le texte rendu disponible le 9 août 2024.

Ainsi, dans la présente tribune (elle est également un peu longue comme la précédente ; que nos aimables lectrices et lecteurs nous en excusent, nous n'en ferons pas l'habitude), à travers la lecture de l'avant-projet de constitution, exception faite aux droits de l'homme ayant fait objet de la tribune précédente citée ci-haut, nous verrons successivement les innovations à saluer, les réserves à émettre et des propositions à faire sur certaines dispositions de cette charte fondamentale devant régir la marche de notre pays vers le processus démocratique.

Sur les dispositions relatives à l'État et à la souveraineté

Plusieurs dispositions concernent l'État et la souveraineté du pays. Pour la majorité d'entre elles, elles sont identiques aux dispositions figurant dans les constitutions antérieures. Il s'agit, entre autres, premièrement de : « L'affirmation de la forme républicaine, unitaire, indivisible, laïque, démocratique et sociale de l'État indépendant et souverain de Guinée » (art. 1er de l'Avant-projet de Constitution, toutes les autres dispositions citées se réfèrent à ce texte sauf mention contraire). C'est le sens d'un État de droit dans le cadre de la démocratie que nous appelons de tous nos vœux.

Deuxièmement, elles concernent « La désignation du peuple en tant que titulaire de la souveraineté et la déclinaison des modes direct et indirect de son exercice. » (Art.3). Ici, il faut insister sur l'exercice de ce droit par le peuple de la base au sommet. Il faut exclure la désignation des responsables au niveau local par les représentants de l'État à l'instar de la nomination des conseils et responsables de quartier et de district par les gouverneurs. C'est un recul dont il faut corriger à présent.

De l'importance de l'instruction civique du peuple et de l'éducation aux droits humains et au processus démocratique

La démocratie est culture ; le respect des droits humains aussi. L'ajout de l'instruction civique du peuple dans les principes de gouvernance est positif. Il faudrait peut-être désigner les autorités responsables de sa mise en œuvre ainsi que les mesures concrètes pour atteindre cet objectif. À l'éducation civique du peuple, il est de bon ton d'insister sur l'éducation aux droits humains et au processus démocratique. Le respect des droits humains dépend beaucoup de la connaissance des titulaires de leurs droits et des acteurs de leur mission en ce domaine. Tout comme l'avènement et l'enracinement de la démocratie dépendent de la maîtrise de ses préceptes et principes par le peuple.

De la reconnaissance de la posture nationale des partis politiques, de la nécessité d'appliquer la Charte des partis politiques et de l'intérêt d'éviter le risque de leur diabolisation

Le rappel de la posture nationale des partis politique est à saluer. Cependant, il y a un risque de diabolisation des partis politiques avec tout le discours ambiant. Nous proposons un encadrement et un suivi régulier du fonctionnement et de la vie des partis politiques, sous le contrôle du juge. Cela est de nature à assainir la vie politique nationale en ne gardant que de partis viables et solidement implantés et non de groupuscules qui se regroupent en coalitions circonstancielles et polluent le climat politique du pays.

De l'intérêt des candidatures indépendantes et de la nécessité de leur encadrement pour éviter que le fait politique ne tombe sur des intérêts ou autres lobbys d'argent et autres groupes de pression sans assise populaire

Les candidatures sont une demande constante de la population. Elle est fondée. Elle permet aux personnes qui ne souhaitent pas être dans un parti politique de compétir aux suffrages électoraux en vue d'apporter leur contribution à l'édifice national. Cependant, l'ouverture vers des candidatures indépendantes n'est pas dénuée de risques : pouvoirs d'argent, gourous et autres groupes criminels organisés et autres groupes de pression. Le passé nous l'enseigne de leurs méfaits ainsi que de leurs bienfaits lors des premières consultations électorales notamment communales. Nous proposons un strict encadrement des candidatures indépendantes. Le parrainage par des électeurs est un premier pas qui va dans ce sens. Il faudrait ajouter d'autres critères comme la moralité, l'absence de sanctions pénales d'un certain degré, les questions de financement, de résidence et autres, de manière à opérer un filtrage conséquent des postulants.

De la haute importance de la promotion des langues nationales (notamment de la traduction des textes de lois et des actes officiels)

L'usage des langues nationales est d'une importance capitale. Nous saluons l'importance accordée aux langues nationales et leur inscription dans le texte constitutionnel.

Son inscription dans l'avant-projet de constitution est vraiment à saluer d'autant plus une telle inscription les range au niveau des priorités constitutionnelles. Nous proposons l'adoption des modalités pratiques de l'usage des langues nationales notamment au sein de l'enseignement primaire.

Pour le durcissement des sanctions attachées à la violation de certains principes fondamentaux de la République

Plusieurs principes fondamentaux ont fait l'objet de mention dans l'avant-projet de constitution. En raison du peu de respect du bien public par la population et surtout des dirigeants du pays, l'insistance sur « L'inviolabilité du patrimoine national, des symboles et biens de l'Etat » est salutaire. Il en est de même pour la préservation de l'environnement. Il en va aussi de même du bien-fondé de l'inclusion de « la gestion rationnelle, transparente et équitable des ressources naturelles pour le bien des populations à tous les niveaux » dans l'avant-projet de constitution. L'inscription de la prise en compte du contenu local dans tous les domaines est aussi salutaire. Même si une constitution n'a pas vocation à tout régir dans les détails, il serait intéressant de ranger les atteintes à ces principes fondamentaux de l'Etat parmi les crimes les plus graves avec de lourdes sanctions correspondantes. Une criminalisation des atteintes à ces principes à même la constitution pourrait avoir un effet dissuasif.

De l'importance de la prise en compte de la participation des Guinéens établis à l'étranger au développement national

C'est un aspect positif de prendre en compte la diaspora guinéenne et de tenir compte de sa représentativité. Il faut prévoir des modalités pratiques de la participation de la riche et diverse diaspora guinéenne à l'effort national de développement : on peut considérer les zones des Guinéens établis à l'étranger comme la 8e région du pays et procéder à un découpage de ces zones en diverses circonscriptions électorales, en plus des autres régions administratives du pays. On peut pousser loin cette représentativité de la diaspora guinéenne en conservant des quotas dans toutes les institutions administratives et politiques du pays. Bien évidemment, cette contribution de la diaspora guinéenne a l'effort national va de pair avec les facilités d'obtention des documents légaux comme tout guinéen par ses membres ; pour avoir longtemps vécu à l'étranger, nous pouvons témoigner des tracasseries insurmontables et le sentiment d'être un citoyen de seconde catégorie des Guinéens établis à l'étranger, aspect dont il importe de corriger.

Réserve sur le risque de dilution des compétences de la Commission nationale d'éducation civique et des droits de l'homme et proposition de revenir sur les canons traditionnels d'une institution respectueuse des Principes Nations Unies (Principes de Paris sur les INDH)

Nous reprenons textuellement ici la réserve précédemment émise sur la Commission nationale de l'éducation civique et des droits de l'homme. Nous émettons des sérieuses réserves sur l'adjonction « éducation civique » aux droits de l'homme pour cette importante institution nationale. Le risque de dilution des réelles missions de promotion et de protection des droits humains dans des tâches floues d'éducation civique est très grande. Notre proposition est la mise en conformité de notre Institution Nationale des Droits de l'Homme selon les normes des Nations Unies. Ainsi, plaidons-nous pour le maintien d'une « **Commission Nationale des Droits de l'Homme** », dans la tradition d'une Institution Nationale des Droits Humains (INDH) qui est organe par lequel l'État se donne ressources et moyens pour remplir sa mission de garantir le respect des droits humains. Par le passé, cette institution a eu des difficultés nées de son absence de conformité avec les canons traditionnels d'une institution dont les normes et principes sont définies par les Nations Unies, à travers les Principes de Paris. Ces principes, qui portent le nom de leur lieu d'adoption par les Nations Unies comme de coutume, sont un ensemble de règles permettant à ces institutions de s'acquitter convenablement de leur mission sans interférence de l'État, le plus important d'entre eux est que les membres provenant des organes de l'État ne doivent pas être majoritaires dans sa composition et doivent avoir une voix consultative lors de ses travaux.

De l'exécutif en Guinée (Président de la République, Premier Ministre et Gouvernement)

Nous reconnaissons l'effort des rédacteurs de l'avant-projet de constitution dans la recherche d'une formule portant sur un régime politique qui sied à la Guinée (art 43 et suivants). Nous-mêmes avions proposé le régime présidentiel harmonisé dans d'autres tribunes. Cependant, force-nous est revenu de constater qu'il faudrait peut-être opter pour un régime présidentiel en Guinée, un régime qui fait du **Président de la République** le véritable chef de l'exécutif sans empiètement sur le pouvoir législatif. En véritable chef du gouvernement, le Président de la République nomme le Premier Ministre et les membres du gouvernement qui agissent sous son autorité et sous sa responsabilité. C'est bien le sens de l'article 87. L'idée de voir le Premier Ministre nommer aux emplois civils (art.84) est une simple hérésie et a le don d'ajouter la cacophonie dans le régime proposé.

Le véritable pouvoir du **Premier Ministre** est celui qui figure à l'article 86, à titre d'impulsion de la cohérence de l'action de l'administration centrale, entre autres. L'effort de l'avant-projet de faire une prééminence du Premier Ministre sur les autres ministres est salutaire, il est de nature à éviter une cacophonie au sommet de l'Etat mais un tel Premier Ministre restera Primus inter pares, le Premier des ministres (art.88). Il coordonne l'action des membres du **Gouvernement**. Il faudrait encadrer les pouvoirs du Président de la République dans le cadre d'un régime présidentiel équilibré pour éviter de tomber sous le régime présidentialiste connu jusque-là et qui consacre de droit ou de fait l'hégémonie du Président sur tous les autres pouvoirs. Il n'est pas utile ici de rappeler l'instabilité qui caractérise le régime semi-présidentiel ou semi-parlementaire encore moins la nécessite de collaboration dans un régime parlementaire.

De l'intérêt d'essayer un Parlement bicaméral et de la nécessité de distinguer les deux chambres du point pouvoirs et domaines de compétence de manière à avoir une chambre haute et une chambre basse

La Guinée a toujours connu un parlement monocaméral. La proposition d'un parlement bicaméral présente un grand intérêt. En plus de la représentation du peuple, on pourrait avoir des représentations des grands équilibres régionaux, professionnels et autres. Cependant, nous avons des réserves sur certains aspects de cette intéressante innovation. Premièrement, il faut déterminer à même la constitution le nombre de membres des deux chambres, ceci est de nature à éviter un nombre pléthorique de représentants grevant le budget de l'État et surtout être à la merci de la majorité présidentielle du moment. Deuxièmement, il faut assurer une distinction nette entre les deux chambres du point de vue de leurs pouvoirs et de leurs domaines de compétence, établir leurs compétences partagées et définir clairement la nature de leurs relations.

L'idéal serait de considérer **le Senat** comme la chambre haute et l'Assemblée nationale la chambre basse avec les effets qui vont avec. Au Sénat, chambre haute et garante des divers équilibres du pays, sera réservée exclusivement l'approbation de la nomination à des hautes fonctions de l'exécutif, à la ratification des traités internationaux et l'engagement de l'État dans les conflits armés, entre autres.

À **l'Assemblée nationale**, chambre basse et venant de la population, pourrait être exclusivement réservée certains domaines touchant directement à cette direction ; il pourrait s'agir des propositions des lois sur le budget, les impôts et autres charges publiques, entre autres. Troisièmement, une fois pour toutes, il faut faire en sorte que le parlement ne soit pas un simple espace d'enregistrement, mais un enclos doté de pouvoirs capables de contrôler l'action du gouvernement. Enfin, il faut faire en sorte que le Senat ne soit pas un lieu de garage pour récompenser copains et autres anciens commis de l'État. Quatrièmement, il faudrait mentionner clairement le nombre de députés et des sénateurs composant les deux chambres du pouvoir législatif.

Du rapport entre le pouvoir exécutif et le pouvoir législatif en Guinée

Le principe de séparation des pouvoirs, si cardinal soit-il, ne s'oppose pas à la collaboration équilibrée entre le pouvoir exécutif et le pouvoir législatif. Ici également, on note des efforts des rédacteurs dans la recherche de cet équilibre ; cependant, force est de constater que le déséquilibre entre eux est persistant, en faveur de l'exécutif. En optant pour le régime présidentiel, avec ses caractéristiques essentielles dont l'absence de la possibilité pour le Président de la République de dissoudre les organes du pouvoir législatif et l'impossibilité de ces derniers à engager la responsabilité de l'exécutif, on peut obtenir un régime équilibré, capable de collaborer mutuellement pour la gestion du pays. L'harmonisation de ce régime tiendrait au maintien de la dissolution de l'une des chambres en l'occurrence l'Assemblée par le Président de la République et la possibilité pour les organes du pouvoir législatif de mettre en mouvement l'accusation de haute trahison du Président de la République et des membres de son gouvernement.

Du pouvoir judiciaire en général et de l'indépendance de la justice en particulier

Nous reconduisions ici nos propos sur la justice en Guinée telle que rappelée dans notre dernière tribune sur les droits humains. Le pouvoir judiciaire est incarné par les cours et tribunaux. C'est le garant traditionnel des droits humains et de l'équilibre entre les autres institutions. **La Cour constitutionnelle** a compétence sur le champ des droits humains. Il serait intéressant d'ouvrir la saisine directe aux particuliers pour les violations des droits humains comme le fait éloquemment le Bénin, avec sa Cour constitutionnelle et son abondante jurisprudence en la matière.

La Cour suprême garde la compétence sur la légalité des actes administratifs sous ses différentes variantes et sous certaines réserves. Il serait temps de simplifier la procédure devant cette institution jouant le rôle de cassation dans notre pays.

La mise en place de la **Cour spéciale de justice de la République** et surtout les mécanismes de sa mise en œuvre dès les premières heures de l'installation des organes du pouvoir législatif est une excellente trouvaille des rédacteurs de l'avant-projet de constitution (art.67). Ici, on a tenu compte du refus de l'exécutif précédent de rendre opérationnelle cette institution nécessaire.

La reconduction de la **Cour des comptes** à titre de « l'institution supérieure de contrôle à postériori des finances publiques » (art.162) dans l'avant-projet de constitution est intéressant ; cette institution importante semble souvent laissée pour compte dans le dispositif tant normatif qu'institutionnel. Il en va de même d'ailleurs sur la carte judiciaire, elle devrait se multiplier en chambres régionales de compte pour couvrir toute l'étendue du territoire national. Ne pourrait-on pas confier à une telle institution le contrôle des finances des parties politiques lorsqu'ils reçoivent le concours financier de l'État ?

Le **Conseil supérieur de la magistrature** joue un rôle essentiel dans la protection des droits humains en garantissant l'indépendance des juges. Il serait intéressant que sa composition puisse être revue de manière à inclure même des citoyens justiciables suivant les modalités qui pourraient être définies. Il faudrait rendre obligatoire, à même la constitution, son avis pour tout acte concernant la carrière des magistrats en vue de garantir leur indépendance contre les immixtions et autres représailles de l'exécutif. Il demeure indéniable que le **juge ordinaire** est le premier garant des droits humains.

De l'encadrement des institutions d'appui avec des suppressions à opérer et de reformulation à faire et un ajout à effectuer tout en évitant la pléthore ou l'inflation institutionnelle

Parmi les institutions dont nous prônons la suppression figure la **Commission Nationale pour le Développement**. Outre qu'elle fera du surplace, on se demande si son rôle ne pourrait adéquatement jouer par des commissions permanentes de l'Assemblée nationale et du Sénat dédiées au plan et au développement ? De telles commissions ont la latitude de faire appel à l'ensemble des membres pressentis à la meubler. À notre avis, cette institution est simplement budgétivore et inutile. Elle mériterait de ce fait suppression.

La **Commission nationale de l'éducation civique et des droits de l'homme,** comme nous l'avons indiqué ci-haut et ailleurs, à maintes reprises, mérité reformulation tant dans son titre que dans ses compétences pour se recentrer sur les droits de l'homme et porter le nom de « Commission nationale indépendante des droits de l'homme ». L'institution aura pour rôle de veiller, sur toute l'étendue du territoire national, au respect des droits humains, en application des droits et principes constitutionnellement reconnus à l'individu, des traités internationaux ratifiés par la Guinée, des législations nationales en la matière. Elle sera un organe de veille et de contrôle du respect des droits humains par les pouvoirs publics en toute indépendance en procédant à des consultations, des observations, des études, des évaluations, des investigations et autres dialogues et concertations.

Nous saluons l'idée de création d'un **Organe Technique Indépendant en Charge de la Gestion des Elections**, organe technique et administratif de la gestion des élections, nous l'avions suggéré à plusieurs reprises également. Il est temps d'essayer une administration électorale dépouillée des contingences politiques, pour autant que les autorités rassurent tous les acteurs de son indépendance. Ainsi, en Guinée, on aura un organe pérenne, indépendante et autonome en charge des consultations diverses et des élections générales. En lieu et place du qualificatif « Organe Technique Indépendant en Charge de la Gestion des Elections », on pourrait simplement la nommer « Direction générale des élections », « **Autorité nationale des élections** » ou « Office national des élections ».

Pour la **Commission de Régulation des Communications et de l'Audiovisuel,** il est venu le temps de se pencher sur cette institution dont l'histoire est jalonnée des heures de gloire et d'autres moins glorieuses. Parfois, elle joue son rôle de régulation, d'autres fois, elle sert d'appui aux mains des gouvernants contre la liberté de presse dont elle est censée protéger et réguler. Nous suggérons qu'on revoie les catégories de membres qui la composent et qu'on accroisse son indépendance vis-à-vis de l'exécutif tant du point organique, budgétaire et autres. Doté de pouvoirs de régulation et de décision, l'institution se doit être indépendante de tout pouvoir politique et de tout groupe de pression (parti politique, association et autres). Son rôle est d'assurer l'exercice de la liberté d'expression et l'égal accès pour toutes et tous aux médias, dans le strict respect des législations en vigueur en Guinée.

Nous proposons l'ajout d'une **Haute autorité en charge de la bonne gouvernance**. Elle pourrait être une autorité indépendante et à l'abri de tout pouvoir politique, de parti politique, d'association ou de groupe de pression ; sa composition, son organisation et son fonctionnement seront précisés par la loi. Elle aura comme mandat de veiller à la représentativité de toutes les parties du pays et de toutes les couches de la population, de manière équitable, dans les institutions publiques et parapubliques de l'État. Elle sera aussi en charge de veiller contre la gestion familiale, clanique, patrimoniale, privée et partisane de la chose publique qui appartient à tous les citoyens de la Guinée. Elle sera en charge des politiques d'inclusion des minorités, des personnes vivant avec le handicap et autres catégories vulnérables. Elle sera garante du respect du principe d'égalité entre homme et femme. Elle sera chargée d'assurer la protection du patrimoine national (biens publics, mines, terres arables, ...) et de veiller à la transparence dans l'exploitation et la gestion des ressources naturelles et de la redistribution équitable des produits qu'elles génèrent au profit de toutes et tous. Enfin, elle pourra attirer l'attention des autorités publiques dans les domaines relevant de sa compétence que dessus et faire des propositions idoines et appropriées. Nous saluons la suppression du Conseil économique, social, culturel et environnemental.

De l'encadrement accru des autorités administratives indépendantes

Dans un passé récent, on a connu la multiplication des autorités administratives indépendantes, parfois de manière fantaisiste, sans aucune nécessité, sauf peut-être de caser quelques pontes du parti ou autres. Fort heureusement, un audit a permis de déceler les affres de ces institutions souvent doublons de l'administration générale et gloutonnes en ressources financières. C'est l'occasion d'encadrer leurs créations par la loi suivant un exposé justificatif cohérent et l'obligation d'atteinte d'objectifs sous peine de suppression.

Du renforcement du caractère apolitique de l'administration

En dépit de la proclamation de son caractère apolitique, l'administration guinéenne est toujours restée inféodée aux politiques. Il serait intéressant de trouver les formules nécessaires pour encadrer l'administration et mettre les fonctionnaires et autres agents de l'État à l'abri des pressions politiques. Parmi ces modalités, on pourrait explorer l'institutionnalisation de sous-ministres techniques, interdire l'usage des ressources humaines, matérielles et financières de l'État dans les activités partisanes notamment lors des campagnes électorales assorties de sanctions sévères.

Pour la simplification de l'organisation territoriale en évitant le cafouillage sémantique

Ce qui est simple a le don d'être facile compris. Il faut éviter le cafouillage au niveau des nomenclatures. Il faut aller vers la simplification tant au niveau de la déconcentration que de la décentralisation.

Au niveau de la déconcentration, il a été bien de conserver les circonscriptions territoriales suivantes : régions, préfectures et sous-préfectures (art. 187, al.3). Ainsi les régions continueront alors à être les 7 régions actuelles et Conakry ; à des fins purement symboliques de circonscriptions électorales, la région externe du pays où s'établit la diaspora guinéenne sera considérée comme la dernière région.

Au niveau de la décentralisation, il est indiqué deux types de collectivités décentralisées : les provinces et les communes (art.187, al.4). À notre avis, l'appellation « Province » devrait disparaitre pour ne pas se confondre à la région. Comme l'appellation « Régions naturelles » devrait être laissé dans le langage ordinaire et de compréhension géographique. Nous proposons qu'à titre de collectivités décentralisées que l'on retienne deux types que sont : les conseils régionaux et les communes, les quartiers et districts étant des subdivisions de ces dernières. On pourrait accroitre leurs pouvoirs pour en faire des communes de plein exercice. Pour éviter les créations fantaisistes ou purement partisanes, la création de nouvelles régions et communes devraient être du ressort de la loi, après une étude sérieuse de leur bien-fondé. La Guinée a connu une belle histoire de décentralisation dans les années 90, il est possible de s'en inspirer.

De l'accent sur la réforme continue des forces de défense et de sécurité pour accroitre leur caractère républicain et au service de développement de la Guinée

Les forces de défense et de sécurité sont une composante majeure de la nation guinéenne. En plus de leurs missions classiques et régaliennes (art.191 et suivants) de défendre le territoire national, protéger les institutions républicaines, protéger les personnes et leurs biens et d'assurer l'ordre public, deux points essentiels les concernant figurent dans l'avant-projet de constitution : il s'agit de « participer au développement socio-économique et culturel du pays ainsi qu'aux travaux d'intérêt public » et « elles sont au service de la nation et soumise à l'autorité civile légalement établie ». Ce sont là des éléments qui définissent une armée républicaine et au service du développement. Que l'on pense à la prouesse des formations militaires dans le domaine culturel, ou les potentialités des ressources humaines militaires dans le domaine de la santé, du génie militaire et du génie agricole. L'inscription dans l'avant-projet de constitution des réformes continues de nos vaillantes forces armées et de sécurité en ce sens pourrait être salutaire.

Du renforcement de l'option moniste en matière de lien entre le droit interne et le droit international

En matière de rapport entre droit international et droit interne, la Guinée a toujours été un pays de tradition moniste. L'avant-projet de constitution a ainsi, à juste raison, opté pour un système moniste en droit des traités (art.197). En vertu de cette tradition, les traités internationaux, une fois régulièrement ratifiés et entrés en vigueur, ont un effet direct sans qu'il soit nécessaire de mettre en œuvre une législation particulière pour transposer les obligations dans le cadre interne. En termes simples, les traités font partie de l'arsenal juridique sans aucune autre mesure d'internalisation législative et ont une autorité supérieure à celle des lois. Ayant l'avantage d'être simple, c'est ainsi un excellent choix de garder cette option, surtout que l'on sait la reconnaissance des droits humains est souvent contenu dans les traités internationaux et ces derniers pourront ainsi être directement appliqués par le juge interne ; un procès récent en Guinée constitue une illustration évidente.

De la pertinence des intangibilités constitutionnelles et l'encadrement accru de révision constitutionnelle sans tomber dans le mythe de la constitution « béton » qui n'existe nulle part

La reconduction des **intangibilités constitutionnelles** classiques (forme républicaine de l'Etat, principe de laïcité, pluralisme, principe de limitation du nombre et de la durée des mandats du Président de la République,...) dans l'avant-projet de constitution (art.199) va de soi. Eu égard au caractère tumultueux de notre histoire constitutionnelle récente, nous insistons sur notre proposition de nomination expresse du tripatouillage constitutionnel à des fins d'obtention d'un troisième mandat comme une haute trahison contre lequel le peuple peut user son droit à la résistance à l'oppression. La criminalisation des agents et autres mouvements de soutien dans un tel projet dans l'avant-projet de constitution est à saluer également.

Au niveau de la **révision constitutionnelle**, nous notons la mise en place de plusieurs verrous qui encadrent le processus dans l'avant-projet de constitution (art.198 et suivants). Un grand effort est fait dans ce sens par les rédacteurs de l'avant-projet de constitution ; un effort à reconnaître ; ils ont sans doute tenu compte de notre passé récent de révision constitutionnelle et ses conséquences sur l'arrêt de notre processus démocratique.

Cependant, nous insistons, comme le fait d'autres éminents cadres de ce pays, sur le fait que l'idée de « constitution-béton », de « constitution-blindée » et autres qualificatifs de même ordre est un simple mythe. N'importe qui peut mettre n'importe quelle constitution à terre et tout recommence. Les gardes fous figurant à l'article 201 n'y feront rien et ne seront d'aucune utilité. La constitution américaine de 1787 (venue préciser la Déclaration d'indépendance de 1776) ne s'est déchirée lors de l'attaque du Capitole le 6 janvier 2021, simplement parce qu'il s'est trouvé des personnes prêtes à mourir pour la défendre (forces armées, magistrats, citoyens et autres). Rien n'est arrivé à la constitution sénégalaise lors des tentatives d'atteintes à son intégrité courant avril 2024, non pas parce qu'elle est cousue en acier inoxydable, mais simplement parce qu'il s'est trouvé des sénégalais et sénégalaises qui se sont levés pour défendre son intégrité (les forces armées, les citoyens lambda, les universitaires, les autorités morales et religieuses et surtout les magistrats tant d'instance et d'appel que constitutionnels). Nous en dirons de même pour l'Afrique du Sud et sa constitution, l'Inde, le Brésil et ailleurs. Les seuls gardiens de notre future constitution sont un peuple patriote et des dirigeants honnêtes, tous pétris de culture démocratique et prêts à mourir pour la défendre. Je nous le souhaite.

De l'épineuse question des dispositions transitoires et finales de l'avant-projet de constitution

Cette question est traitée à l'article 202 et suivants. Il se pose ici la question du rapport entre la Charte de la transition du 27 septembre 2021 et la future constitution du pays. Apparaissent sous cet angle plusieurs points : la question de la fixation de la durée de la transition, avec l'aspect implicite de l'élaboration du texte constitutionnel, par les acteurs désignés sous l'empire de l'article 77 de la Charte précitée, qui sont les Forces Vives de la Nation et le Comité National du Rassemblement pour le Développement, la question de l'intégration des articles 46, 55 et 65 de la même Charte et autres questions prégnantes.

La démocratie étant consensus, en sus des prescriptions de la Charte que dessus, tous ces points auraient pu trouver solutions définitives au sein d'un tel forum national pour le bien de notre processus démocratique et en faveur du retour à un ordre constitutionnel démocratique apaisé tel que toujours voulu par la population guinéenne. En outre, il est fait état d'amnistie, il faudrait tout simplement exclure de cet ordre les crimes contre l'humanité et de même catégorie qui conservent leurs caractères inamnistiable et imprescriptible.

Du respect des canons de la légistique en optant pour la simplification et la cohérence constitutionnelle en évitant la confusion des termes (art.41)

Dans une partie de l'avant-projet de constitution, on peut sembler reconnaitre une belle innovation doctrinale au niveau de la classification des institutions du pays : « Institutions gouvernantes » (en rangeant sous le même rang le législatif et l'exécutif), « Institutions gouvernantes », « Institutions juridictionnelles » et « Institutions d'appui ». Si certains intitulés vont de soi comme « Institutions juridictionnelles », « Institutions gouvernantes » pourraient poser problèmes sous cette classification en rangeant sous le même toit le législatif et l'exécutif. Du point de la science politique, toutes ces institutions peuvent se ranger sous le vocable générique de gouvernance. Mais ici, la constitution se voulant un document lisible par le commun des mortels, le citoyen lambda, il serait peut-être plus simple d'opter pour un schéma plus traditionnel des trois pouvoirs à savoir l'exécutif, le législatif et judiciaire, en sus des autres institutions d'appui. Ce schéma facilite la lecture pour le citoyen et la compréhension de son contenu.

L'environnement démocratique porté par des personnes convaincues de son essence comme seul rempart de l'intégrité d'une constitution qui se veut durable et pérenne

La solidité de la constitution sud-africaine, la vivacité de la constitution sénégalaise, la permanence de la constitution américaine avec ses divers amendements, la solidité de la constitution allemande, la longévité de la constitution indienne et autres ne dépendent pas seulement de la beauté du texte constitutionnel fondamental. L'ingrédient majeur de l'ensemble de ces textes repose sur la permanence de la poursuite de l'édification de l'idéal démocratique qui est un processus continuel, avec ses avancées et ses reculs.

C'est cet ingrédient qui semble défaut à notre pays, la Guinée. Le travail des pionniers, des « founding fathers », a été consolidé par d'autres patriotes. Et la frêle case, la petite baraque, est devenue le solide édifice qu'aucun vent charriant du « troisième mandat » ou autres « third-termism » de même acabit ni « sirènes révisionnistes » ne sont venus ébranlés, le long des ans pour les uns, le long des siècles pour les autres pays. Tant et aussi longtemps que l'on s'obstinera à ne pas mettre cet indispensable ingrédient dans notre sauce démocratique commune, nous nous retrouverons à consommer notre fade mets constitué de rupture de notre norme constitutionnelle fondamentale à tout moment, fit-elle érigée en béton industriel pour ponts et chaussées.

Un texte constitutionnel est un arbuste fragile qui ne peut germer et grandir que dans un terreau démocratique qu'arrosent nuit et jour des jardiniers et des jardinières, patriotes et convaincus de sa substance. Nous avons foi que la Guinée verra croitre un tel texte dans un tel environnement au bénéfice de toutes ses filles et tous ses fils, à force de travail honnête et de patriotisme sincère.

Bangui, le 23 août 2024

-Juris Guineensis No 68.

-69-

Quel fagot de bois a demandé Mère Guinée à ses enfants lors de ses 66 ans comme cadeau d'anniversaire manquant ?

2 octobre 1958- 2 octobre 2024, accession de la Guinée à l'indépendance. Nous saisissons cette occasion idoine pour marquer le retour de notre tribune habituelle paraissant le premier et le quinze de chaque mois, ***Juris Guineensis,*** après la vivifiante pause d'hivernage des vacances académiques et judiciaires. Ce matin, longeant ce qui reste des rails du Conakry Niger, laissant la rivière Mamounwol derrière nous, avec les ruisseaux Saabouhoun d'un côté et Kouumiwol de l'autre, la forêt de Hooré-Koumi qui commence à Kolla, beau patelin de Mamou qui nous a vu naître, lors de notre randonnée matinale, arrivé au très connu Col de Fitakouna, *ka Bootohun*, nous avons croisé une dame d'un certain âge, elle a tenu à conter au passant que nous sommes un pan de son histoire. Elle concerne la conversation qu'elle a eu ce matin même avec ses enfants à l'occasion de son 66e anniversaire. Chères lectrices et chers lecteurs, tendons l'oreille et laissons-la raconter son récit :

« Passant, je suis Guinée, j'ai 66 ans, si tu croises des enfants joyeux, mais déterminés le long de ton chemin, ne prend pas peur. Ce sont mes enfants partis en brousse chercher du bois mort pour la cuisine. Veux-tu en savoir plus ? Tu as hoché la tête en signe d'approbation. Ok, je te dirais tout, mais attention, ce n'est pas un conte que je raconte car il n'y aura pas « Il était une fois » ou « Jadis », je te dis ce qui est sur le point de se passer. Ce n'est non plus une légende, car aucun guerrier intrépide ne viendra ramasser du bois pour eux et les mettre sur son dos pour les transporter à la maison, je parle de faits réels. Ce n'est également loin d'être une histoire d'amour car aucun amoureux n'ira cueillir des étoiles pour en faire cadeau à sa dulcinée, j'aurai du vrai bois apporté par mes enfants. Point.

Ainsi dit, ainsi fait, ce matin, 02 octobre 2024, tous mes enfants étaient autour de moi pour me souhaiter joyeux anniversaire à l'occasion de mes 66 ans autour d'un fastueux repas à préparer ensemble. Ils étaient drapés de leur Ngara et Leppi, de leur Kindeli, leur Bakha et leur étoffe de la forêt sacrée. Ils dansaient autour de moi des danses polyrythmiques de la forêt, du Konkoba, du Toupoussesse, du Yo Lelle et du Yankadi. Ils apportèrent le riz bara bara, le fonio hâtif, l'igname, le maïs, le taro, la viande de chèvre, le konkoé, la viande de brousse, l'huile de palme premium, les juteuses oranges, l'ananas baronne et j'en passe. Il y avait de tout pour un festin des plus copieux. Aux chansons et autres cadeaux et gâteaux, je leur ai manifesté toute ma joie, mais leur ai indiqué qu'il manque un cadeau, le seul qui puisse me satisfaire et rendre heureuse toute ma famille, le cadeau manquant sans lequel notre festin serait fade, le bois de chauffe qu'ils devaient m'apporter toutes et tous, ensemble.

Pour la petite histoire du fagot de bois comme cadeau d'anniversaire de Mère Guinée

Mes enfants, je suis fatigué de me brûler les doigts à force de faire la cuisine pour vous avec des brindilles alors que le Seigner m'a doté d'une luxuriante forêt. Je suis exténuée de vos arguments de dimanche du genre : « Mère, il pleuvait à verse, il y avait un boa dans la forêt, il y avait ceci, il y avait cela, dans la forêt ». Je suis las de vos promesses : « Mère, la semaine prochaine, tu auras le meilleur fagot de bois de la contrée, etc. ». Regardez bien autour de vous, mes copines, N'Nah Liberia et Nene Sierra Leone ont certes de grandes forêts, mais n'ont pas cette forêt dense que nous avons, mais elles cuisinent avec un bois sec. Les enfants de N'Ga Sénégal et de Mama Mali ont toujours apporté le bon bois à leur mère alors qu'on y note que sables et savanes comme environnement. Alors, partez toutes et tous, en brousse, pourvue d'abondantes matières ligneuses, me chercher du bois de chauffe, ainé comme benjamine, filles comme garçons. Bafode, Finda, N'Galou, Yala Bhoye, Siré, Sekouba, Thierno, Farba Demba, Babaen, Nantenin, Bountou, Cece, Yalani, Mamadi, Samba Djouma et Sayon, cette fois ci, je ne veux pas de « Tyarmallé », ces brindilles qui se consument vite. Je veux du meilleur bois, des « falima », ces bons morceaux de bois secs et bien fendus. Je vous précise de prélever que le bois mort comme au temps jadis pour permettre à Mère Nature de se régénérer. Partez toutes et tous, avec mes bénédictions. Ne revenez qu'avec cet ingrédient manquant. Je veux un seul fagot pour allumer le feu incandescent qui nous manque pour préparer notre repas de fête dont la composition suit :

De la composition du fagot de bois chauffe de Mère Guinée

-Un « popo » du respect des droits de l'homme, de l'engagement d'un véritable processus démocratique et de l'instauration de l'État de droit

Mes enfants, parmi le bon bois que vous m'apporterez, rechercher le popo. Il est dur comme le cèdre. Il ne se consume pas vite. C'est avec lui qu'est bâti la charpente de notre case depuis tant d'années. Il diffère des brindilles habituelles qui constituent vos fagots faits de branches de kapokiers, de « boumboun » et autres bois morts de mauvaise qualité ; bois qui me brûle les doigts et rougit mes yeux en raison de leur fumée âcre et nocive. Ils se consument vite. Ces brindilles-là sont les violations des droits humains, la dictature et l'absence de l'État de droit. À l'inverse, les « falima » du « popo » sont le respect de l'humain dans ce qu'il a d'humanité, la reconnaissance de ses droits consubstantielles et inaliénables et surtout la garantie de leur respect au moyen de mécanismes, de procédures et d'institutions judiciaires et non judiciaires. Ils sont aussi l'engagement d'un véritable processus démocratique. Tant et aussi longtemps, le citoyen n'aura pas eu son mot à dire sur le choix du dirigeant, de manière périodique, par le biais d'élections crédibles et sincères, il restera encore du chemin à faire. Ils sont enfin, la soumission des gouvernants comme des gouvernés à la loi, au droit ; l'Etat de droit doit revêtir son manteau concret et non rester à l'étape de slogan.

-Un « kinsi » de la résolution du passif humanitaire, du devoir mémoriel, de la justice transitionnelle, de l'unité et de la réconciliation nationale

Mes enfants, vos petits bois « fare yaré » ont même failli brûler le toit de chaume de notre case. Ils se consument vite et consument tout à leur passage. À leur passage, on parle de morts, de charniers, de revisionnisme de l'histoire, de jugements sommaires suivi d'exécution et autres pendaisons, de déchirure du tissu national et que sais-je encore. Pensez-vous que nous pouvons allumer notre feu pour entamer la préparation de notre repas sans nous débarrasser de la cendre abondante et néfaste de ces petits bois ? Le kinsi, le bois mort du palétuvier, nous sera utile. Ses brindilles feront office de balai pour nettoyer les cendres sus évoqués de notre foyer pour le feu domestique. Son bois gorgé de sel nous aidera à résoudre notre lourd passif humanitaire. L'écriture de l'Histoire générale de la Guinée permettra de fixer sur le papyrus notre commun récit national sans omettre aucune de ses pages. Du récit, adressages, plaques commémoratives, dates historiques, stèles seront érigés et célébrés en guise de mémoire national. L'engagement d'une justice transitionnelle serait à même de mettre autour de la même table victimes et auteurs afin d'amorcer un processus de guérison collective de notre passé traumatique avec le repenti de l'auteur et le pardon de la victime, assorti de clauses de non répétition.

De la fin de l'histoire, de l'espoir et de la leçon à tirer du récit de Mère Guinée

J'ai foi que mes enfants m'apporteront finalement, moi Guinée, du haut de mes 66 ans, ce cadeau tant attendu et cet ingrédient qui manquait sur ma liste des cadeaux années après années. Grâce à l'effort conjugué de toutes mes filles et tous mes fils, à force de travail honnête et de patriotisme sincère, j'aurai ce fagot de bois indispensable à tout développement. J'ai foi aussi que je vivrai pour voir arriver ce jour, pour allumer le feu permanent pour leur préparer un éternel repas comme je sais bien le faire afin de régaler convives, voisins et simples passants comme toi. Infini merci pour l'écoute, Passant. Que le Seigneur éclaire notre chemin. »

Soudain, notre dame disparut dans le brouillard comme elle nous est apparue et nous continuâmes notre chemin de retour, avec le soleil qui pointe déjà son bout de nez entre les monts Ley-Séré. Puissions-nous comprendre que Notre Grand Récit National Guinéen, notre destin collectif, surplombe notre récit individuel pris isolément comme nous l'indiquions dans un de nos recueils poèmes « Guinée-

Nombril » ! Puissions-nous toutes et tous faire nôtre le récit que dessus et apporter ces « falima » de bois à notre Mère Guinée afin de bâtir notre pays pour nous et pour les générations futures !

Avec nos remerciements renouvelés à nos partenaires médias, à nos fidèles lectrices et lecteurs, nos vœux de bonne reprise après les vacances hivernales à toutes et tous et surtout bonne fête de l'indépendance à toutes les filles et à tous les fils de la Guinée.

Mamou, le 02 octobre 2024

-Juris Guineensis No 69.

-70-

Cali Cop16 Biodiversité 2024-Echec sur le Financement, Reconnaissance des peuples autochtones et Partage des dividendes issues des ressources génétiques

Du 21 octobre au 1er novembre 2024, tenue en Amazonie, à Cali (Colombie), de la seizième édition de la Conférence des Parties (Cop16) de la Convention sur la diversité biologique (CBD) de 1992, regroupant 196 délégations gouvernementales. Après d'âpres discussions, les lampions se sont éteints sur un bilan mitigé, bilan soldé par un échec sur le financement (création d'un Fonds) d'une part, mais bilan enregistrant deux résultats positifs sur la reconnaissance d'un statut aux populations autochtones et sur le partage des revenus issus des ressources génétiques entre les grandes firmes et les populations locales. Dans la présente tribune, nous nous intéresserons sur les trois points sus-évoqués à savoir : le financement, le statut des populations locales et le partage des revenus, le tout dans le cadre de la préservation et l'exploitation rationnelle de la diversité biologique de notre terre. Nous ferons un clin d'œil sur le cas spécifique de la Guinée en la matière.

Sur l'échec portant sur le financement

L'Accord Kunming-Montréal signé en 2022 prévoit d'atteindre un financement de 30 milliards de dollars pour la diversité biologique d'ici 2030. Les États ne sont pas tombés d'accord sur le point essential de la Cop16 à savoir la stratégie financière à adopter pour recueillir au moins 20 milliards de dollars de transfert des pays développés vers les pays en développement pour financer la préservation de la diversité biologiques d'ici 2025 ou 30 milliards de dollars d'ici 2030.

Sur la reconnaissance de la place des populations autochtones dans les négociations internationales

La création d'un organe permanent représentant les peuples autochtones à la Conférence sur la diversité biologique est une avancée majeure dans les négociations sur la diversité biologique et il est à espérer qu'il en sera de même sur les autres questions relatives au climat au sein d'autres Cop. C'est en soi une reconnaissance de leur statut de participant dans les arènes internationales. Ce sont ces populations locales qui sont les varies gardiennes de la nature. Logiquement, elles doivent avoir leur mot à dire sur toutes les questions intéressant la nature. De la manière, elles doivent tirer bénéfice de tout revenu qui en sera issu.

Sur le partage des ressources génétiques entre firmes et populations locales

La mise en place d'un nouveau fonds, le Fonds Cali, est l'autre legs significatif de la Cop16. Ce Fonds Mondial est destiné à recueillir les contributions volontaires des multinationales et autres groupes cosmétiques, agricoles, biotechnologiques et pharmaceutiques qui génèrent des bénéfices en exploitant les ressources génétiques numériques (DSI, en anglais) du globe. Il s'agit ainsi d'un partage juste et équitable des ressources génétiques issues de la diversité biologique prélevées le plus souvent dans les pays en développement par les industries des pays développés. Ces industries s'engagent à verser au fonds 0,1 pour cent de leur revenue ou 1 pour cent de leurs bénéfices tirés de l'exploitation des données génétiques. À noter que ce "pillage" faisait souvent objet de dénonciations des pays du Sud en direction des pays du Nord. Les contributions étant volontaires et non obligatoires, se pose alors la question de l'efficacité de ce nouveau fonds quand on sait les limites de l'auto-régulation et l'éthique des firmes multinationales.

Quid de la participation des populations locales guinéennes dans les projets touchant à la diversité biologique ?

Il serait intéressant de continuer à accroitre la participation des populations à la base dans tous les projets de développement ayant un impact sur la diversité biologique et le climat en général, en ce compris les grands projets miniers comme le Projet Simandou et ce, de manière systématique.

Nous continuons à croire que les négociations d'Erevan lors de la Cop17 en 2026 permettront de franchir d'autres étapes dans le cadre d'une meilleure protection de la diversité biologique qui fonde notre vivre, notre survie et notre richesse commune.

Conakry, le 07 novembre 2024

-Juris Guineensis No 70.

-71-

PROTECTION DES DROITS DE L'ENFANT DANS LE MONDE (1924-2024) : UNE CONSTANTE ÉVOLUTION

20 novembre 2024, Journée internationale des droits de l'enfant. Une fête. Une double signification. Le centenaire de la Déclaration de Genève, adoptée en 1924. L'anniversaire de la Convention relative aux droits de l'enfant, adoptée le 20 novembre 1989. Ainsi, dans la présente tribune, nous verrons successivement l'évolution du long combat en faveur des droits de l'enfant à travers les grands textes aux dates significatives en faisant l'économie de la *Déclaration de Genève* de 1924, de la *Convention relative aux droits de l'enfant* de 1989, de la *Charte africaine des droits et bien-être de l'enfant* de 1990 et un clin sur le texte interne guinéen en la matière, le *Code de l'enfant* de 2019.

De la Déclaration de Genève de 1924

À l'instigation d'Eglantyne Jebb (1876-1928), fondatrice de Save the Children, la communauté internationale, à travers la Société Des Nations (SDN), a adopté, le 26 septembre 1924, un texte symbolique affirmant pour la première fois des droits spécifiques à l'enfant et l'importance d'en assurer la protection. Il y est textuellement mentionné que « l'humanité doit donner à l'enfant ce qu'elle a de meilleur ». Il y a, par la suite, l'adoption de la *Déclaration de Genève sur les droits de l'enfant* de 1959 dont le principe 7 se décline comme suit : « L'enfant a droit à une éduction qui doit être gratuite et obligatoire au moins aux niveaux élémentaires. (…) L'intérêt supérieur de l'enfant doit être le guide de ceux qui ont la responsabilité de son éducation et de son orientation ; cette responsabilité incombe en priorité à ses parents. » L'idée d'une nouvelle *Déclaration de Genève sur les droits de l'enfant* ce 20 novembre 2024 est une initiative positive pour non seulement reconnaitre le rôle des pionnières et de pionniers de la protection des droits de l'enfant, mais aussi une affirmation de l'intérêt de s'inscrire dans le renforcement continu de cette même protection à travers le monde.

De la Convention relative aux droits de l'enfant de 1989

L'évolution du combat en faveur des droits de l'enfant a connu son apogée avec l'adoption de la *Convention relative aux droits de l'enfant* le 20 novembre 1989 par l'Assemblée générale des Nations Unies, l'une des conventions les plus ratifiées au monde. Comme nous l'écrivions dans notre thèse consacrée à cette matière, *La protection des droits de l'enfant face au travail* (Université Laval/Université de Sherbrooke, Éditions Yvon-Blais, 2015), cet instrument conventionnel « est le fruit d'une lente évolution qui a permis à l'enfant de passer d'objet de protection à sujet de droit. » La convention reconnait des droits civils, politiques, économiques, sociaux et culturels à l'enfant. L'article 12 de l'instrument reconnait à l'enfant capable de discernement la possibilité de participer à la réalisation de ses droits et constitue son innovation majeure. Elle a mis en place un Comité des droits de l'enfant chargé de la surveillance de l'application des droits reconnus à l'enfant par les États parties à ladite convention.

De la Charte africaine des droits et bien-être de l'enfant de 1990

L'Afrique a connu un pendant de la *Convention relative des droits de l'enfant* en adoptant la *Charte africaine des droits et bien-être de l'enfant* en 1990. Elle reconnait également toutes les catégories de droits humains en faveur de l'enfant. Elle renforce la protection de l'enfant sur plusieurs aspects dont l'interdiction de la participation des enfants dans les conflits armés. La Charte également a mis en place un organe de surveillance des obligations des Etats parties, le Comité africain d'experts sur les droits et bien-être de l'enfant. Composé de onze (11) experts indépendants, le comité est fonctionnel depuis le 10 juillet 2001. Son mandat a les missions suivantes : promotion, promotion, interprétation et évaluation de la mise en œuvre des droits de l'enfant en Afrique. Outre les rapports étatiques, il a compétence de recevoir des communications (plaintes) individuelles. Il faut noter que cette Charte a été précédé de la *Déclaration africaine sur les droits et bien-être de l'enfant* de 1979.

Du Code de l'enfant de la Guinée de 2019

La Guinée fait partie des premiers États à mettre en place un dispositif législatif interne d'application de la Convention relative aux droits de l'enfant en adoption un texte y relatif. Après amendement, ce texte est devenu le *Code de l'enfant* adopté par l'Assemblée nationale guinéenne par la *Loi L/2019/059/AN* le 30 décembre 2019. Le Code traduit sur le plan national les principes et les droits de l'enfant et les obligations correspondantes de l'État nées de la ratification de la *Convention relative aux droits de l'enfant* et de la *Charte africaine des droits de l'enfant.*

Outre l'affirmation des droits de l'enfant et la mise en place des mesures de protection supplémentaires à l'enfant, le code met en place un système de justice pour enfants.

Il serait intéressant pour la Guinée de continuer à œuvrer pour renforcer la protection des droits de l'enfant notamment sa participation dans les affaires le concernant, l'adoption des politiques, plans et budgets sensibles aux droits de l'enfant, l'allocation de moyens et ressources suffisantes au système de justice pour enfants et autres.

La promotion et la protection des droits de l'enfant ont connu et continuent de connaître une évolution significative pour assurer le respect des droits d'un être vulnérable, un être en développement et un être qui constitue notre présent et notre avenir, l'enfant. Avec nos vœux de bonne fête aux enfants, à toutes et tous, à l'occasion de la fête internationale des droits de l'enfant, 2024.

Conakry, le 20 novembre 2024

-Juris Guineensis No 71.

-72-

UN PAS DANS LA BONNE DIRECTION POUR LE DEVOIR DE MÉMOIRE : COMMÉMORATION DU 80E ANNIVERSAIRE DU MASSACRE DES TIRAILLEURS SÉNÉGALAIS À THIAROYE EN 1944

1er décembre 1944 - 1er décembre 2024, Thiaroye, Sénégal, commémoration du 80e anniversaire du massacre des tirailleurs sénégalais par l'armée française. Une date historique. Ainsi, dans la présente tribune, nous ferons successivement un rappel de la date du 1er décembre 1944 et de sa signification avant de revenir sur le long combat en faveur de la reconnaissance d'un devoir mémoriel du massacre éponyme ; nous nous intéresserons particulièrement sur l'après reconnaissance en termes de réparation, dans le cadre du rétablissement de la vérité historique, de la repentance et de la justice aux tirailleurs sénégalais, appellation générique désignant des soldats africains des diverses colonies enrôlées dans l'armée française.

Une date et sa signification : 1er décembre 1944, massacre des tirailleurs sénégalais par l'armée française à Thiaroye, Sénégal

Les tirailleurs sénégalais ayant combattu aux côtés de l'armée française les forces allemandes lors de la deuxième guerre mondiale sont démobilisés et regroupés au Camp de Thiaroye en attendant leur rapatriement dans leurs colonies d'origine. Pour avoir réclamer leur solde et autres primes, l'armée française a tiré sur eux. On dénombre des morts et ils sont ensevelis ailleurs. Les circonstances exactes, le nombre de morts et le lieu exact de sépultures des tirailleurs tués lors de ce massacre font toujours l'objet de controverses. Ce 1er décembre marque une date significative et symbolique sur l'injustice subie par les tirailleurs sénégalais en termes de reconnaissance d'actes lors des opérations, de soldes et de pensions et autres.

Un long combat pour la reconnaissance d'un massacre (1944-2024) : 80 ans pour le devoir de mémoire

Il a fallu le 28 novembre 2024, soit 80 ans après les faits, pour que les autorités françaises reconnaissent, au plus haut niveau et pour la première fois, le massacre des tirailleurs sénégalais commis par l'armée française à Thiaroye ce jour fatidique du 1er décembre 1944. En effet, dans une correspondance adressée au Président Bassirou Diomaye FAYE, du Sénégal, le Président Emmanuel MACRON, de la France, indique que : « La France se doit de reconnaitre que ce jour-là, la confrontation de militaires et de tirailleurs qui exigeaient que soit versée l'entièreté de leur solde légitime, a déclenché un enchainement de faits ayant abouti à un massacre. » Un acte de repentance salué par le président sénégalais et bien d'autres tout en soulignant la nécessité d'éclaircir les zones opaques autour du massacre longtemps ignoré. C'est le lieu de souligner qu'il s'agit de l'aboutissement d'un long combat en faveur de la reconnaissance des faits. C'est surtout l'occasion de rendre hommage à divers acteurs ce long combat que sont les tirailleurs eux-mêmes, les historiens, les écrivains, les poètes, les cinéastes et les anonymes. Quantité de films, de poèmes, de pièces de théâtre ont porté sur le massacre des tirailleurs sénégalais à Thiaroye et l'ensemble de ces œuvres ont permis à ce que l'acte ne tombe pas l'oubli. Le poème Thiaroye du Président Senghor, l'œuvre musicale et théâtrale Aube africaine de Keita Fodeba, le film Camp de Thiaroye d'Ousmane Sembene et bien d'autres illustrent ce travail précurseur de mémoire de ces pionniers dont il faut saluer le courage et la vision.

Une nécessité de traduire l'acte de reconnaissance en termes de vérité et de réparation pour la mémoire des tirailleurs sénégalais

Un comité de commémoration composé de six historiens et d'un documentariste que préside l'historien Mamadou DIOUF a été mis en place par les autorités sénégalaises. Ce 1er décembre 2024, l'État sénégalais a commémoré le 80e anniversaire du massacre des tirailleurs sénégalais. Le président du Sénégal, accompagné de certains de ses homologues africains et du ministre français des affaires étrangères, a procédé au dépôt d'une gerbe de fleurs au Cimetière militaire de Thiaroye. En sus de ces points importants, plusieurs autres pistes peuvent être envisagées. Le premier pas doit s'inscrire dans la recherche de la vérité sur les faits, les circonstances, le bilan et les lieux entourant le massacre de ce 1er décembre 1944. Cela suppose l'accès à toute la documentation y relative se trouvant dans les services d'archives en France ou ailleurs. Le second acte concerne toutes autres formes de réparation allant de la reconnaissance pleine et entière du massacre à l'allocation de ressources aux régions de provenance des tirailleurs sénégalais en passant par l'inscription de cet épisode de notre histoire dans les programmes d'enseignement et autres actes symboliques.

Pour terminer, ce devoir de mémoire doit s'étendre à d'autres faits et actes historiques de même nature pour une saine relation entre peuples, dans le sillage du thème de l'Union Africaine (UA) pour l'année 2025 « Justice pour les Africains et les personnes d'ascendance africaine grâce aux réparations ». Petit fils de tirailleur sénégalais, Diallo Souleymane, de la Guinée, nous continuerons à rendre un hommage mérité aux tirailleurs sénégalais par devoir de mémoire !

Dakar, le 1er décembre 2024
-Juris Guineensis No 72.

Chronologie des évènements

COP 15 Montréal - La fumée blanche sortira-t-elle du rendez-vous des Nations Unies sur la biodiversité ? *Juris Guineensis No 41,* 15 décembre 2022

7 au 19 décembre 2022 tenue à Montréal de la Cop 15.

Entreprises et Droits de l'homme - La responsabilité des entreprises en débat, *Juris Guineensis No 42,* 20 janvier 2023

Courant janvier 2023, achat de multinationales par le Fonds souverain norvégien.

Prisons, Dignité et Respect des droits des personnes détenues en droit international et en Guinée, *Juris Guineensis No 43,* 02 février 2023.

Courant janvier 2023, tournée du ministre de la Justice dans les prisons guinéennes.

Plaidoyer pour un mécanisme de justice transitionnelle en Guinée, *Juris Guineensis No 44,* 17 février 2023

Tenu à Bujumbura du 7 au 8 février de l'Atelier sur les droits de l'enfant et justice transitionnelle par l'IHRD.

Du huis clos en droit international pénal et en droit guinéen, *Juris Guineensis No 45,* 02 mars 2023

Débats sur le huis clos en février 2023 lors du procès des massacres du 28 septembre 2009.

La semaine faste pour la Terre aux Nations Unies : **changements climatiques et protection de la haute mer,** *Juris Guineensis No 46,* 17 mars 2023

04 mars 2023, aux Nations unies : conclusion d'un accord historique sur la protection de la haute mer et avis à la CIJ sur les obligations des États en matière de changements climatiques.

Journée Mondiale de l'Art : Pour la poursuite de la valorisation du patrimoine artistique en Guinée, *Juris Guineensis No 47,* 15 avril 2023

15 avril 2023 : Journée mondiale de l'art.

Pour une politique nationale de la toponymie en Guinée. Pourquoi et Comment ? *Juris Guineensis No 48,* 05 mai 2023

Du respect de la liberté d'expression dans la formation d'un espace public libre en Guinée, *Juris Guineensis No 49,* 27 mai 2023

Mi-mai 2023, interruption d'internet et brouillage des ondes des médias en Guinée.

Quid du régime politique de la Guinée post-transition ? Pour un régime présidentiel rationalisé, *Juris Guineensis No 50,* 02 juin 2023

Mai 2023, organisation par le CNT du Débat d'orientation constitutionnel en Guinée.

Quelques considérations pour des élections transparentes et crédibles en Guinée avec l'option d'une administration électorale d'ordre technique, *Juris Guineensis No 51,* 10 juin 2023

Mai 2023, organisation par le CNT du Débat d'orientation constitutionnel en Guinée.

Vers un traité international pour la lutte contre la pollution plastique, *Juris Guineensis No 52,* 07 juillet 2023

29 mai au 02 juin 2023 : débats à Paris sur le traité international contre la pollution plastique.

De l'importance de l'éducation aux droits de l'homme, *Juris Guineensis No 53,* 02 octobre 2023.

10 décembre et le 24 janvier de chaque année marquent la célébration de deux journées importantes : la journée mondiale des droits de l'homme et la journée internationale de l'éducation. Projection sur l'éducation aux droits de l'homme combinée à ces deux dates historiques.

De la réparation du passif humanitaire en Guinée, *Juris Guineensis No 54,*12 octobre 2023

Fin septembre 2023, tenue d'un atelier sur les réparations en matière des droits de l'homme en Guinée, sous l'égide du ministère de la Justice et des droits de l'homme.

Conflit au Proche-Orient et protection des populations civiles : que dit le droit international humanitaire ? *Juris Guineensis No 55*, le 30 octobre 2023

Le 07 octobre 2023, un conflit opposa les forces armées israéliennes aux forces du Hamas palestinien.

Règlementation du secteur des jeux et enjeux des jeux responsables en Guinée, *Juris guineensis No 56,* 16 novembre 2023

Règlementation de la régulation du secteur des jeux en Guinée depuis janvier 2023.

Cop 28 Dubaï. Fonds de compensation des dommages climatiques et transition hors des énergies fossiles au

titre des résultats *Juris Guineensis No 57,* 13 décembre 2023

13 décembre 2023, adoption de l'Accord historique lors de la Cop 28 sur la transition hors des énergies fossiles.

Retrait du Burkina Faso, du Mali et du Niger de la CEDEAO : une crise à résoudre pour le salut de l'intégration africaine, *Juris Guineensis No 58,* 28 janvier 2024.

28 janvier 2024, annonce de retrait du Burkina Faso, du Mali et du Niger de la CEDEAO.

De la démocratie au Sénégal : fragilité et résilience d'un système qui s'autorégule, *Juris Guineensis No 59,* 06 mars 2024

03 février 2024. Décret du Président Macky SALL annulant la convocation du corps électoral aux élections présidentielles du 25 février 2024 au Sénégal.

Amorcer le chantier de la réconciliation nationale en Guinée : un défi à relever pour le nouveau gouvernement, *Juris Guineensis No 60,* 04 avril 2024

Désignation du Premier Ministre Amadou Oury BAH et rappel de la nécessité de s'investir dans la réconciliation nationale, en raison du poste précédent qu'il a occupé en ce domaine.

Du concept de travail décent et du respect des droits des travailleuses et des travailleurs en Guinée, *Juris Guineensis No 61,* 1er mai 2024

1er mai 2024. Journée internationale du travail et rappel de l'importance du travail décent pour les travailleurs et travailleuses en Guinée en ce contexte d'investissements miniers comme le Projet Simandou.

Changements climatiques : De l'urgence d'agir pour la sauvegarde de l'environnement en Guinée, *Juris Guineensis No 62*, 15 mai 2024

Mars, avril et mai 2024 furent des mois avec d'intenses chaleurs dépassant les températures moyennes saisonnières en Guinée. Des appels se lèvent pour la restauration de l'environnement pour freiner l'effet des changements climatiques.

Problématique d'assainissement : Pourquoi et comment passer d'actions symboliques à l'industrie des déchets en Guinée, *Juris Guineensis No 63*, 30 mai 2024

18 mai et autres derniers samedi du mois, journée d'assainissement en Guinée, plutôt de l'ordre du symbolique. Appel à passer à l'étape plus efficace de l'industrie des déchets en Guinée.

Participation de l'enfant à la vie publique : Et si on abaissait l'âge du droit de vote à 16 ans en Guinée ! *Juris Guineensis No 64*, 10 juin 2024

Mois de juin 2024, comme tous les mois de juin, mois de l'enfant. Proposition de faire baisser l'âge de la majorité électorale à 16 ans.

De la Captation et du Bon usage de la Manne financière du Projet Simandou en faveur des Générations présentes et futures en Guinée, *Juris Guineensis No 65*, 27 juin 2024

Année 2024, accélération de la structuration du Projet Simandou, grand projet minier et appel pour un bon usage des fruits issus de son exploitation en faveur de tous les citoyens du pays.

De l'importance de la protection des données à caractère personnel en Guinée, *Juris Guineensis No 66*, 12 juillet 2024

Juillet 2024, adoption de la Loi sur l'Autorité nationale de protection des données à caractère personnel.

Les Droits de l'Homme en Guinée : Que prévoit l'Avant-Projet de la Constitution ? *Juris Guineensis No 67,* 08 aout 2024

29 juillet 2024, plénière du Conseil national de la transition (CNT) consacrée à la présentation de l'avant-projet de constitution de la Guinée.

Lecture de l'Avant-Projet de la Constitution de la Guinée : entre des aspects à saluer et des réserves à émettre et des propositions à faire, *Tribune 68,* 26 août 2024

9 août 2024, publication du texte complet de l'avant-projet de constitution de la Guinée.

Quel fagot de bois a demandé Mère Guinée à ses enfants lors de ses 66 ans comme cadeau d'anniversaire manquant ? *Tribune 69,* 02 octobre 2024

02 octobre 2024, 66e anniversaire de l'indépendance de la Guinée.

Cali Cop16 Biodiversité 2024-Echec sur le Financement, Reconnaissance des peuples autochtones et Partage des dividendes issues des ressources génétiques, *Tribune 70,* 02 novembre 2024

21 octobre-01 novembre 2024, tenue à Cali, Colombie, de la Cop 16 biodiversité.

Protection des droits de l'enfant dans le monde (1924-2024) : une constante évolution, *Tribune 71,* 20 novembre 2024

20 novembre 2024, centenaire de la Déclaration de Genève de 1924 et 35e anniversaire de la Convention relative aux droits de l'enfant de 1989, Journée internationale des droits de l'enfant 2024.

Un pas dans la bonne direction pour le devoir de mémoire : Commémoration du 80e anniversaire du massacre des tirailleurs sénégalais à Thiaroye en 1944, *Tribune 72*, 1er décembre 2024, commémoration du 80e anniversaire du massacre des tirailleurs sénégalais à Thiaroye.

Indications des textes juridiques cités

Avant-Projet de la Constitution de la Guinée du 29 juillet 2024

Charte des Nations Unies

Charte africaine des droits de l'homme et des peuples du 21 octobre 1981

Déclaration Universelle des Droits de l'Homme du 10 décembre 1948

Protocole de Ouagadougou instituant la Cour africaine des droits de l'homme et des peuples,

Accord de Paris sur le climat est un instrument conventionnel adopté à Paris en 2015 et entré en vigueur le 04 novembre 2016.

Accord de Paris (2015)

Convention-Cadre des Nations Unies sur les Changements climatiques (1992)

Déclaration Universelle des Droits de l'Homme de 1948

Pacte International relatif aux Droits Civils et Politiques de 1966

Charte de la transition de la Guinée de 2021

Charte africaine des droits de l'homme et des peuples

Loi 02 portant liberté de la presse

Convention relative aux droits de l'enfant de 1989

Charte africaine des droits et bien-être de l'enfant de 1991.

Code de l'enfant,

Code pénal guinéen (Loi n° 2016/059/AN du 26 octobre 2016)

Code de procédure pénale guinéen (Loi n° 2016/60/AN du 26 octobre 2016)

Charte africaine de la démocratie et de la bonne gouvernance de l'Union africaine (2001)

Protocole de la gouvernance et de la démocratie de la CEDEAO

Traité international sur la conservation et l'utilisation durable de la biodiversité marine des zones ne relevant pas des autorités nationales

Convention sur la diversité biologique.

Convention relative au droit de la mer.

Déclaration de Genève.

Remerciements aux médias partenaires (radio, télévision, journaux et sites)

Nous tenons à remercier les médias qui relaient notre tribune deux fois par mois sans exception. Toute omission serait involontaire.

Presse écrite

Le Lynx
La Lance
Le populaire
Affiches guinéennes

Radio et TV

Bonheur FM
Cavi Medias
Kalac Radio
Horizon FM
Espace FM
Evasion TV
Nostalgie FM

Presse électronique

guineelive.com
guineematin.com
kababachir.com
guinafnews.com
lelynx.net
couleurguinee.com
laguinee.com
guineedirect.com

mediaguinee.org
lerevelateur224.com
lepopulairegn.com
lecourrierdeconakry.com
guineeactudroit.com
guineeactuelle.com
laguinee.info
ledjely.com
kalenews.com
guinee114.com
visionguinee.com
guinee224.com
guineesport.com
planete7.com
leguide.info
planete7.com
...

PRINCIPALES PUBLICATIONS DE L'AUTEUR

Recueils de poésie

- *Au-delà de l'océan*, Les Editions dhArt, Ottawa-Montréal, 2013
- *Guinée Nombril*, Les Editions dhArt, Ottawa-Montréal, 2019
- *Je ne rêve plus enfant que je suis*, Les Éditions LiVbre, Val-David, 2020

Revues de poésie

- *Gedichten*, traduction en néerlandais Kim Andringa, revue Terras, Amsterdam, 2018

Recueils collectifs de poésie

- *21 tam-tams pour Aimé Césaire*, avec Gilles Matte, Les Editions LiVbre, Val-David, 2012
- *Dialogues laurentiens*, Collectif, poèmes et gravures, Livre d'art, Atelier de gravures, Val-David, 2019
- *Cahier de navigation Coureurs de ruelles*, Collectif, La traversée-Atelier québécois de la géopoétique, Montréal, 2005.

Prix littéraires

- Premier prix de poésie en langue nationale pular, 1996, de l'Association guinéenne pour la promotion des langues nationales.
- Premier prix de poésie, du Club Découverte, Université Gamal Abdel Nasser de Conakry, 1995, Guinée

Participation à des festivals

- Festival Les Rencontres poétiques de Conakry, de 1999-2022, Conakry, Guinée
- Poètes vos papiers, 2005-2007, Morin-Heights, Val-Morin et Val-David, Canada

- Festival international de poésie de Trois-Rivières, éditions 2004, 2007 et 2010, Trois-Rivières, Canada
- La Nuit laurentienne de la poésie, 2008, Val-Morin, Canada
- Jazz et Poésie, Festival international de poésie de Trois-Rivières, la Grande bibliothèque, Montréal, Canada
- Vivement Poésie, au Gainzbar, 2007- 2011, Montréal, Canada
- Les 72 heures du livre, Conakry, Guinée

Essais

- *Mon regard. L'actualité d'ici et d'ailleurs sous le prisme du droit*, (Recueil de chroniques et de tribunes), Paris, Éditions l'Harmattan-Guinée, 2024
- *Transitions démocratiques et droits de la personne en Afrique de l'ouest francophone : cas de la Guinée, du Mali, du Togo et du Bénin. Trente ans en arrière*, (Mémoire de DEA), Paris, Éditions l'Harmattan-Guinée, 2024.
- *La protection des droits de l'enfant face au travail*, Prix Michel Robert de la Meilleure Thèse en droit 2015 de l'Association du Barreau Canadien-Division Québec, Les Éditions Yvon-Blais, Montréal, 2016.

TABLE DES MATIÈRES

Structures éditoriales du groupe L'Harmattan

L'Harmattan Italie
Via degli Artisti, 15
10124 Torino
harmattan.italia@gmail.com

L'Harmattan Hongrie
Kossuth l. u. 14-16.
1053 Budapest
harmattan@harmattan.hu

L'Harmattan Sénégal
10 VDN SICAP AMITIE 3
BP 45034 Dakar-Fann
direction@senharmattan.com

L'Harmattan Cameroun
Tsinga/Derrière polyclinique FECAFOOT
BP 11486 Yaoundé
Jacques.koukam@harmattan.fr

L'Harmattan Burkina Faso
Villa 281, secteur 23 623, rue 14.32
Ouagadougou
zagbie@outlook.fr

L'Harmattan Guinée
Almamya, rue KA 028 OKB Agency
BP 3470 Conakry
harmattanguinee@yahoo.fr

L'Harmattan RDC
185, avenue Nyangwe
Commune de Lingwala – Kinshasa
matangilamusadila@yahoo.fr

L'Harmattan Congo
219, avenue Nelson Mandela
BP 2874 Brazzaville
deunovmikhael@gmail.com

L'Harmattan Mali
Immeuble Mgr Jean Marie Cissé
Aci Hamadallaye
BP 145 Bamako
syllaka@yahoo.fr

L'Harmattan Togo
Djidjole – Maison Amela
face EPP BATOME
02 BP 20680 Lomé
didieramela11@gmail.com

L'Harmattan Côte d'Ivoire
Résidence Karl – Cité des Arts
Abidjan-Cocody
03 BP 1588 Abidjan
harmattan.ivoire@gmail.com

L'Harmattan Bénin
Rue 604, (Immeuble à l'entrée
de la rue UCAO- Cite de Saint-Jean)
Cotonou
stepcorpus@gmail.com

Nos librairies en France

Librairie internationale
16, rue des Écoles
75005 Paris
librairie.internationale@harmattan.fr
01 40 46 79 11
www.librairieharmattan.com

Librairie des savoirs
21, rue des Écoles
75005 Paris
librairie.sh@harmattan.fr
01 46 34 13 71
www.librairieharmattansh.com

www.ingramcontent.com/pod-product-compliance
Lightning Source LLC
LaVergne TN
LVHW010021081026
849535LV00016B/2550
* 9 7 8 2 3 3 6 5 4 2 0 7 2 *